21 世纪财经专业规划教材

商品流通企业会计实务设计

（第 三 版）

邓 姣 周仁仪 贺彩虹 编著

立信会计出版社
LIXIN ACCOUNTING PUBLISHING HOUSE

图书在版编目(CIP)数据

商品流通企业会计实务设计 / 邓姣,周仁仪,贺彩虹编著. —3 版. —上海：立信会计出版社,2017.8

21 世纪财经专业规划教材

ISBN 978－7－5429－5571－5

Ⅰ.①商… Ⅱ.①邓… ②周… ③贺… Ⅲ.①商业会计—高等学校—教材 Ⅳ.①F715.51

中国版本图书馆 CIP 数据核字(2017)第 189288 号

责任编辑　余　榕

商品流通企业会计实务设计(第三版)

出版发行	立信会计出版社		
地　　址	上海市中山西路 2230 号	邮政编码	200235
电　　话	(021)64411389	传　　真	(021)64411325
网　　址	www.lixinaph.com	电子邮箱	lixinaph2019@126.com
网上书店	http://lixin.jd.com	http://lxkjcbs.tmall.com	
经　　销	各地新华书店		
印　　刷	常熟市梅李印刷有限公司		
开　　本	787 毫米×1092 毫米	1/16	
印　　张	21	插　　页	8
字　　数	410 千字		
版　　次	2017 年 8 月第 3 版		
印　　次	2019 年 8 月第 2 次		
印　　数	3101—4200		
书　　号	ISBN 978－7－5429－5571－5/F		
定　　价	39.00 元		

第三版前言

本次改版是在《商品流通企业会计实务设计》(第二版)的基础上,依据我国最新发布和修订的《企业会计准则》和营业税改征增值税会计处理规定等政策的变化,对原有内容进行了全面梳理、修改和完善,使之更适合我国的企业会计准则体系。本次改版的主要特点是体现内容的适时性和形式的仿真性,以更适合广大院校师生使用。

编　者

2017年8月

前　言

会计学是一门应用型的经济管理学科。会计学专业毕业的学生不仅要掌握系统的会计理论知识，更要有熟练的会计实务操作技术。在会计专业教学中，学生模拟实习是一个不能缺少的环节，它是实现理论与实践相结合，培养综合素质高和应用能力强的会计人才的一种有效方式。

我们设计的这套商品流通企业会计实务是以某商品流通企业一个月的经济业务为背景资料，按商品流通企业会计工作流程，共设计了审核和编制会计凭证、登记会计账簿和编制会计报表三大模块。学生在学完基础会计学和财务会计学两门专业课程的基础上，可以按照本书设计的经济业务，分三大模块的流程进行模拟操作，可以不出校门就能完全仿真学习会计核算工作的全过程。

本书的设计内容和模拟要点是我们多年从事会计教学研究和会计实践工作经验的总结。本书采用的会计业务内容取材于长沙市的一家商品流通企业——三湘商贸有限责任公司，并经过筛选、补充而形成。与其他学习资料相比，本书具有两大特点：一是执行新的《企业会计准则》，从会计科目的应用到会计报表的编制全部按新会计准则及其应用指南设计；二是突出会计实务，学生通过短期的模拟操作，就能掌握商品流通企业会计核算的全过程。

本书适用于本科院校和高职高专院校的会计专业、财务管理专业及会计电算化专业的会计核算模拟实习，也可作为从事会计实际工作者的参考资料。本书在设计过程中得到了汤健、段琳、杨平波、彭轶达等学者的支持和帮助；在出版过程中，得到了立信会计出版社领导和编辑的大力支持，在此一并谨致衷心的感谢！

由于时间仓促，加之我们水平有限，书中难免存有疏漏和不足之处，诚挚希望读者批评指正，以使本书不断完善。

作　者

目　　录

第一部分　模拟实习的目的、要求与操作程序

一、模拟实习目的

在商品流通企业会计模拟实习中，学生是主体，对每笔经济业务都要独立思考，从识别原始票证、审核会计凭证、登记会计账簿、期末结账、编制会计报表等各环节都要求学生亲手操作。通过商品流通企业模拟实习，学生应熟悉并掌握商品流通企业会计流程的各个步骤及其具体操作程序；掌握原始凭证填制和审核；掌握根据原始凭证填制记账凭证，开设和登记账户，编制会计报表的基本操作技能；掌握相关业务的计算机处理程序；掌握会计软件的操作方法。通过模拟实习将理论与实践相联系，激发学生学习会计的兴趣，培养学生实际工作能力和分析解决问题的能力，缩短从校园走向社会的心理转型期。

二、模拟实习要求

学生在实习过程中要独立完成鉴别、填写、审核原始凭证，填制记账凭证，编制科目汇总表，登记各种明细账和总账，编制会计报表，依次完成整个会计循环，以提高自己的实际动手能力。在实习中要求学生做到以下几点：第一，在实习过程中态度端正，认真、细致地填制原始凭证；第二，学生将所学理论知识与实际相联系，根据《企业会计准则》完成会计业务的手工操作；第三，手工业务操作完成后，学生运用所学的电算化会计知识，在计算机上再进行会计业务的处理，在上机操作时，必须先设置好初始资料，然后输入模拟实习单位的会计期初余额资料，检查期初余额是否平衡，再进行记账凭证的填制、账簿的登记、会计报表的编制工作；第四，实习完成后，学生找出自身状况与社会实际需要的差距，写出实习总结，以便在今后的学习过程中及时补充相关知识，为求职及参加工作做好知识、能力的准备。

三、模拟实习操作程序

实践性教学是提高大学生综合素质的有效措施。我们设计的这套商品流通企业会计实务流程，是学生毕业实习的必备资料。在模拟操作过程中，学生应按下列程序操作：

第一步：填制和审核原始凭证，并将原始凭证裁剪下来，作为记账凭证的附件。

第二步：依据审核无误的原始凭证，编制记账凭证，记账凭证按月编号。

第三步：根据会计凭证，登记有关日记账和明细分类账。

第四步：根据权责发生制进行账项调整，编制相关的记账凭证，并进行账证、账账核对。

第五步：根据记账凭证，编制科目汇总表。

第六步：根据科目汇总表登记总账。

第七步：按顺序号，将会计凭证装订成册。

第八步：编制期末余额试算平衡表。

第九步：编制资产负债表和利润表。

第十步：在进行手工模拟操作的同时，进行会计电算化实习。

第二部分　常用会计科目表

常用会计科目表

编号	会计科目名称	方向	编号	会计科目名称	方向
	一、资产类		1605	工程物资	借
1001	库存现金	借	1606	固定资产清理	贷
1002	银行存款	借	1701	无形资产	借
1012	其他货币资金	借	1702	累计摊销	贷
1101	交易性金融资产	借	1801	长期待摊费用	借
1121	应收票据	借	1811	递延所得税资产	借
1122	应收账款	借	1901	待处理财产损溢	借
1123	预付账款	借		二、负债类	
1131	应收股利	借	2001	短期借款	贷
1132	应收利息	借	2101	交易性金融负债	贷
1221	其他应收款	借	2201	应付票据	贷
1231	坏账准备	贷	2202	应付账款	贷
1402	在途物资	借	2203	预收账款	贷
1405	库存商品	借	2211	应付职工薪酬	贷
1406	发出商品	借	2221	应交税费	贷
1411	周转材料	借	2231	应付股利	贷
1471	存货跌价准备	贷	2232	应付利息	贷
1501	持有至到期投资	借	2241	其他应付款	贷
1511	长期股权投资	借	2501	长期借款	贷
1601	固定资产	借	2502	应付债券	贷
1602	累计折旧	贷	2701	长期应付款	贷
1604	在建工程	借	2801	预计负债	贷

（续表）

编号	会计科目名称	方向	编号	会计科目名称	方向
2901	递延所得税负债	贷	6111	投资收益	贷
	三、所有者权益类		6301	营业外收入	贷
4001	实收资本	贷	6401	主营业务成本	借
4002	资本公积	贷	6402	其他业务成本	借
4003	其他综合收益	贷	6403	税金及附加	借
4101	盈余公积	贷	6601	销售费用	借
4103	本年利润	贷	6602	管理费用	借
4104	利润分配	贷	6603	财务费用	借
	四、损益类		6701	资产减值损失	借
6001	主营业务收入	贷	6711	营业外支出	借
6051	其他业务收入	贷	6801	所得税费用	借

备注：在实习过程中可根据需要增加“待摊费用”“预提费用”等科目。

第三部分　公司期初资料

三湘商贸有限责任公司20××年1月的期初资料包括如下内容。

一、总分类账余额

总分类账余额①

会计科目	借方余额										会计科目	贷方余额										账页或✓
	千	百	十	万	千	百	十	元	角	分		千	百	十	万	千	百	十	元	角	分	
资产：											负债和所有者权益：											
库存现金					1	2	7	8	4	4	短期借款		1	0	6	0	0	0	0	0	0	
银行存款			1	4	3	6	2	7	5	2	应付票据			4	6	8	5	0	7	4	0	
其他货币资金			1	2	0	0	0	0	0	0	应付账款		1	2	0	4	7	7	4	3	8	
交易性金融资产				7	8	0	0	0	0	0	预收账款			2	2	9	7	4	1	5	7	
应收票据				1	8	4	0	0	0	0	其他应付款				1	3	3	7	2	2	8	
应收账款			5	3	7	8	5	7	3	8	应付职工薪酬				5	5	4	2	0	0	0	
坏账准备			—	1	4	3	6	2	5	4	应交税费			1	8	2	7	2	1	3	8	
预付账款			1	4	0	0	0	0	0	0	应付利息					7	0	7	0	2	0	
其他应收款				1	6	4	0	0	0	0	长期借款		2	1	7	2	0	0	0	0	0	
在途物资			8	2	2	0	5	1	1	7	递延所得税负债				2	5	4	3	7	0	0	
库存商品		2	8	7	4	8	5	0	7	4	实收资本	1	8	8	0	0	0	0	0	0	0	
存货跌价准备			—	1	4	4	0	7	3	4	资本公积		2	6	4	6	8	1	2	4	6	
周转材料				8	4	0	7	5	5	0	盈余公积			1	6	3	5	0	0	0	0	
发出商品			1	0	7	4	5	2	9	0	利润分配			6	1	5	6	4	5	1	6	
在建工程		1	8	7	5	4	8	0	0	0												
固定资产	1	9	3	3	4	6	8	9	0	0												
累计折旧	—	2	2	8	2	0	9	0	9	4												
持有至到期投资			1	0	0	0	0	0	0	0												
长期股权投资			5	8	0	0	0	0	0	0												
无形资产		3	2	8	6	0	0	0	0	0												
累计摊销		—	1	6	4	3	0	0	0	0												
合　计	2	7	6	4	5	0	0	1	8	3	合　计	2	7	6	4	5	0	0	1	8	3	

① 系三湘商贸有限责任公司上一年度12月31日有关账户的余额

二、有关明细账户的余额

应收账款明细资料表

单位：元

单　　　　位	金　　额
一、长沙顺意贸易有限公司	38 900.00
二、湖南省黄河有限公司	58 000.00
三、湖南省泰昌有限公司	60 500.00
四、湖南省商业总公司	107 400.00
五、湖南省一佳商业投资有限公司	129 000.00
六、长沙达美批发有限公司	85 700.00
七、株洲百货股份有限公司	58 357.38
合　　计	537 857.38

周转材料——低值易耗品明细资料表

单位：元

品　名	数　量	单　价	金　额	摊 销 率	摊余价值
办 公 桌	50 张	520.00	26 000.00	50%	13 000.00
旧样品柜	26 个	860.00	22 360.00	50%	11 180.00
保 险 柜	2 个	970.00	1 940.00	50%	970.00
床　铺	21 个	180.00	3 780.00	50%	1 890.00
磅　秤	2 台	680.00	1 360.00	50%	680.00
档 案 柜	7 个	720.00	5 040.00	50%	2 520.00
沙　发	8 张	1 080.00	8 640.00	50%	4 320.00
椅　子	60 张	136.00	8 160.00	50%	4 080.00
新样品柜①	50 个	908.71	45 435.50	50%	45 435.50
合　计					84 075.50

① 新样品柜尚未使用。

固定资产明细资料表

金额单位：元

品　　名	单位	数　量	金　　额	已提折旧	预计残值	预计使用年限	折旧方法	备　　注
1号仓库	m^2	2 360.00	10 620 000.00	1 153 028.57	5%	35	年限平均法	已使用4年零1个月
劳动路383号门面	m^2	260.7425	3 128 910.00	396 328.60	5%	35		已使用4年零9个月
办公楼	m^2	910	5 096 000.00	605 150.00	5%	30		已使用3年零10个月
东风汽车	辆	1	140 000.00	35 364.58	3%	8		已使用2年零2个月
轿车	辆	1	128 400.00	20 758.00	3%	8		已使用1年零5个月
复印机	台	1	14 540.00	5 876.58	3%	5		已使用2年零2个月
打字机	台	2	5 600.00	1 629.60	3%	5		已使用1年零7个月
电脑	台	4	34 400.00	10 010.40	3%	5		已使用1年零7个月
增容变压器	台	1	166 839.00	53 944.61	3%	5	年数总和法	已使用1年零1个月
合　计			19 334 689.00	2 282 090.94				

应付账款明细资料表

单　　位	摘　　要	金　额(元)
一、浙江宁波洗衣机厂	购水晶宫洗衣机	420 000.00
二、上海自行车二厂	购凤凰65型自行车欠余款	280 000.00
三、合肥洗衣机厂	购“三洋”全自动洗衣机欠余款	14 000.00
四、广州五羊自行车厂	购“五羊”女式自行车欠余款	5 100.00
五、深圳康佳电视机厂	购康佳彩电欠余款	88 074.21
六、深圳快乐王子电视机厂	购快乐王子电视机欠余款	397 600.17
合　　计		1 204 774.38

库存商品明细资料表

金额单位：元

产　　地	品　　名	单位	规　　格	数量	单　　价	金　　额
浙江宁波洗衣机厂	水晶宫洗衣机	台	大波轮	60	420.00	25 200.00
合肥洗衣机厂	三洋全自动洗衣机	台	大波轮	120	1 800.00	216 000.00
合肥洗衣机厂	百花洗衣机	台	全自动	256	380.00	97 280.00
广州威力洗衣机厂	威力洗衣机	台	全自动全塑	400	410.00	164 000.00
上海自行车二厂	凤凰自行车	辆	QE65 型	125	350.00	43 750.00
上海自行车一厂	永久自行车	辆	QC440 型	680	360.00	244 800.00
广州五羊自行车厂	五羊自行车	辆	QW240 型	830	380.00	315 400.00
天津飞鸽自行车厂	飞鸽自行车	辆	QF240 型	1 000	390.00	390 000.00
常州自行车厂	金狮自行车	辆	QB950 型	800	328.00	262 400.00
广州万宝电冰箱厂	万宝电冰箱	台	双门 185 立升	100	1 800.00	180 000.00
怀化白云冰箱厂	白云电冰箱	台	双门 220 立升	12	2 200.00	26 400.00
长沙中意冰箱厂	中意电冰箱	台	双门 185 立升 三门 220 立升	50 8	1 700.00 2 400.00	85 000.00 19 200.00
韶峰电视机厂	韶峰电视	台	34 英寸	100	2 100.00	210 000.00
深圳康佳电视机厂	康佳彩电	台	34 英寸	120	2 200.00	264 000.00
上海松下等离子显示器有限公司	松下彩电	台	TY-WK42PV3C	18	7 000.00	126 000.00
上海五金工具厂	小五金	箱		98	2 096.13	205 420.74
合　　计						2 874 850.74

注：采用数量金额式账页登记。

其他账户的明细资料

单位：元

项　　目	摘　　要	方向	金　额
一、其他货币资金	采购员杨桂枝持银行汇票到上海购自行车	借	120 000.00
二、交易性金融资产	购阿继股票	借	78 000.00
三、应收票据	湖南省黄河有限公司签发的银行承兑汇票	借	18 400.00
四、预付账款	汇款到天津电视机厂购电视	借	140 000.00
五、其他应收款	采购员杨桂枝借支	借	15 000.00
	采购员贾平借支	借	1 400.00
六、在途物资	从广州购五羊自行车在途	借	822 051.17
七、发出商品	衡阳市五金站分期付款	借	107 452.90
八、在建工程	新建营业间	借	1 875 480.00
九、持有至到期投资	国库券	借	100 000.00
十、长期股权投资	购发展银行股票准备长期持有	借	580 000.00
十一、无形资产	支付土地使用费(月摊销额 1 758 元)	借	3 286 000.00
十二、短期借款	建设银行	贷	800 000.00
	工商银行	贷	260 000.00
十三、应付票据	向湖南省商业总公司签订 3 个月到期的银行承兑汇票	贷	468 507.40
十四、预收账款	收长沙顺意贸易有限公司预付款	贷	229 741.57
十五、其他应付款	职工水电费	贷	7 847.25
	代缴职工社保费	贷	5 525.03
十六、应付职工薪酬	工资	贷	3 685.00
	职工教育经费	贷	2 427.25
	工会经费	贷	6 897.28
	福利费	贷	42 410.47
十七、应交税费	应交所得税	贷	126 476.19
	未交增值税	贷	51 131.99
	应交城市维护建设费	贷	3 579.24
	教育费附加	贷	1 533.96
十八、应付利息	建设银行	贷	5 336.00
	工商银行	贷	1 734.20
十九、长期借款	长期借款本金	贷	2 000 000.00
	长期借款利息	贷	172 000.00
二十、盈余公积	法定盈余公积	贷	163 500.00
二十一、利润分配	未分配利润	贷	615 645.16
二十二、资本公积	资本溢价	贷	2 646 812.46
二十三、实收资本	国家投入	贷	14 800 000.00
	深圳鸿基商贸公司	贷	2 000 000.00
	长沙宏源酒业公司	贷	2 000 000.00

三、销售单位的相关资料

销售单位的相关资料

名称	纳税人识别号	地址	电话号码	开户行	账号
长沙顺意贸易有限公司	4301057607003846	长沙市中山西路401号	4883508	工行中山路支行	1901002009201023591
湖南省黄河有限公司	430103183795238	长沙市劳动西路341号	5811278	中国工商银行五一路运行营业部	190101009006111170
泰昌有限公司	430103183795238	长沙市芙蓉中路城市之心505号	5163536	工行司门口支行	1901010090022509389
湖南省商业总公司	430105183763157	长沙市丽臣路刘家冲109号	4533467	市工行五一路支行	1901001009006118557
长沙达美批发有限公司	430111616817096	长沙市芙蓉中路262号	4443166	招商银行长沙分行营业部	80065816698100012
湖南省五交化长沙市公司	430111183855597	芙蓉南路302号	5221231	中国建设银行蔡锷南路支行	43001525061050000040
湖南省一佳商业投资有限公司	430105722581833	长沙市开福区华夏路1号	4813031	中行华夏分理处	42501734988091001
株洲百货股份有限公司	4302031806081	建设中路1号	8258068	市工行车站路支行	1903020209022500155
岳阳市五交化公司	4300042806782	岳阳市梅溪桥64号	0730-8086532	工行岳阳市梅溪桥分理处	4301046775550000122
益阳市衡龙桥百货公司	4305043589455	益阳市衡龙桥	0737-4632178	农行衡龙桥支行	0800822000196521003
衡阳五金站	4304045689712	回雁峰路368号	0734-5466259	农行回雁峰支行	080049756241311105
邵阳市涟恒公司	4305213567822	建设路35号	0739-5964203	交行建设路分理处	4301469258568792248
常德鼎城百货公司	430406589756245	上德门96号	0736-7586256	交行上德门支行	4300675641201300008
三湘商贸有限责任公司	430104786543898	长沙市雨湖区香樟路186号	5073216	市工行香樟路分理处	43001525061054322246

第四部分　公司本期经济业务资料

三湘商贸集团有限公司 20××年 1 月发生的经济业务资料如下。

1. 1 月 2 日，从银行提现 7 000 元备用。

No. 005513

中国工商银行（湘）

现金支票存根

科　　目＿＿＿＿＿＿

对方科目＿＿＿＿＿＿

出票日期　年　月　日

收款人：	
金　额：	
用　途：	

单位主管　　　　会计

中国工商银行现金支票（湘）长沙　No. 005513

本支票付款期限十天

出票日期（大写）　　年　　月　　日　　付款行名称：

收款人：　　出票人账号：

人民币（大写）	千	百	十	万	千	百	十	元	角	分

用途＿＿＿＿＿＿

上列款项请从

我账户内支付

出票人签章

科目（借）……

对方科目（贷）……

付讫日期　年　月　日

出纳　　复核　　记账

贴对号单处　　No. 005513

2. 1 月 2 日，采购员王玳报销业务招待费，以现金支付。

湖南增值税专用发票

4300154130　　发　票　联　　No. 0026123

开票日期：20××年 01 月 02 日

购买方	名　　称：三湘商贸有限责任公司 纳税人识别号：430104786543898 地址、电话：长沙市雨湖区香樟路 186 号 84234516 开户行及账号：市工行香樟分理处 4300152061054322246				密码区	（略）	
货物或应税劳务、服务名称	规格型号	单位	数量	单价	金　额	税率	税　额
餐费			1	1 553.40	1 553.40		46.60
合　　计					¥1 553.40		¥46.60
价税合计（大写）	⊗壹仟陆佰元整						（小写）¥1 600.00
销售方	名　　称：一口香餐饮服务公司 纳税人识别号：43010265894532111 地址、电话：长沙市岳麓大道 281 号　82030067 开户行及账号：市建行岳麓支行　2000130004112356783				备注	一口香餐饮服务公司 发票专用章 43010265894532111	

收款人：　　　复核：　　　开票人：王　罡　　　销售方：（章）

第三联：发票联　购买方记账凭证

国税函〔2017〕662号海南华森实业公司

3. 1月3日，收到银行传来泰昌有限公司的进账单归还上月欠款。

银行　进账单　3

（回单或收账通知）

20××年01月02日

收款人	全　称	三湘商贸有限责任公司										
	账　号	43001525061054322246										
	开户银行	市工行香樟路分理处										
人民币		千	百	十	万	千	百	十	元	角	分	
				¥	6	0	5	0	0	0	0	
付款人	全　称	泰昌有限公司										
	账　号	1901004009022509389										
	开户银行	工行司门口支行										
款项来源		销货款										

4. 1月3日，收到顺意贸易公司交来转账支票购自行车款，增值税税率为17%（注：先开发票再填转账支票和进账单）。

商品销售清单

名　称	单位	数　量	单价(元)	税　率
永久自行车	辆	100	420.00	17%
凤凰自行车	辆	100	410.00	17%
金狮自行车	辆	700	470.00	17%

No. 0022426

中国工商银行（湘）

转账支票存根

科　目＿＿＿＿＿＿

对方科目＿＿＿＿＿＿

出票日期　年　月　日

收款人：	
金　额：	
用　途：	

单位主管　　会计

中国工商银行**转账支票**（湘）长沙　No. 022426

本支票付款期限十天

出票日期(大写)　年　月　日　　付款行名称：

收款人：　　出票人账号：

人民币(大写)	千	百	十	万	千	百	十	元	角	分

用途＿＿＿＿＿＿　　科目(借)＿＿＿＿＿＿

上列款项请从　　对方科目(贷)＿＿＿＿＿＿

我账户内支付　　付讫日期　年　月　日

出票人签章　　出纳　复核　记账

此联退购货单位　　此联交购货单位开户行

银行　进账单　3

（回单或收账通知）

年　　月　　日

收款人	全　称										
	账　号										
	开户银行										
人民币		千	百	十	万	千	百	十	元	角	分
付款人	全　称										
	账　号										
	开户银行										
款项来源											

收据单位根据此联入账

银行　进账单（贷方凭证）　2

年　　月　　日

收款人	全　称											
	账　号	开户银行										
人民币（大写）		亿	千	百	十	万	千	百	十	元	角	分

付款人账号	付款人名称	票据号码	对方科目
备　注			复核　　记账

此联交收款单位开户银行

××省增值税专用发票

此联不作报销、扣税凭证使用　　No. 00056801

校验码：　　　　开票日期：　年　月　日

购买方	名　称： 纳税人识别号： 地 址、电 话： 开户行及账号：				密码区	（略）	
货物或应税劳务、服务名称	规格型号	单位	数量	单价	金　额	税率	税　额
合　计							
价税合计（大写）	仟　佰　拾　万　仟　佰　拾　元　角　分					（小写）	
销售方	名　称： 纳税人识别号： 地 址、电 话： 开户行及账号：				备注		

收款人：　　　复核：　　　开票人：　　　销售方：（章）

国税函[2017]253号海南华森实业公司

第一联：记账联　销售方记账凭证

××省增值税专用发票

抵 扣 联　　No. 00056801

国家税务总局监制

校验码：　　开票日期：　年　月　日

购买方	名　　称： 纳税人识别号： 地 址、电 话： 开户行及账号：					密码区	（略）	
货物或应税劳务、服务名称	规格型号	单位	数量	单价	金　额	税率	税　额	
合　计								
价税合计（大写）	仟　佰　拾　万　仟　佰　拾　元　角　分					（小写）		
销售方	名　　称： 纳税人识别号： 地 址、电 话： 开户行及账号：					备注		

收款人：　　复核：　　开票人：　　销售方：（章）

国税函〔2017〕253号海南华森实业公司

第二联：抵扣联　购买方扣税凭证

5. 1月4日，工会主席李文欣慰问住院的王晓，报销购食品费用。

湖南增值税专用发票

4300154130

发 票 联　　No. 0033654

长沙 国家税务总局监制

开票日期：20××年01月04日

购买方	名　　称：三湘商贸有限责任公司 纳税人识别号：430104786543898 地 址、电 话：长沙市雨湖区香樟路186号 84234516 开户行及账号：市工行香樟路分理处 4300152061054322246					密码区	（略）	
货物或应税劳务、服务名称	规格型号	单位	数量	单价	金　额	税率	税　额	
食品			2	66.99	133.98	3%	4.02	
合　计					￥133.98		￥4.02	
价税合计（大写）	⊗壹佰叁拾捌元整					（小写）￥138.00		
销售方	名　　称：人人佳超市 纳税人识别号：4301021254896233 地 址、电 话：长沙市岳麓大道981号　87651961 开户行及账号：市工行岳麓支行　1321545831100256321					备注	人人佳超市 发票专用章 4301021254896233	

收款人：肖　明　　复核：　　开票人：胡　平　　销售方：（章）

国税函〔2017〕662号海南华森实业公司

第三联：发票联　购买方记账凭证

6. 1月4日，收到仓库填制的入库单，经查该商品货款未付，增值税税率为17%（注：暂不入账，收到发票时一同入账）。

公司百货批发部

商品入库单②会计

来货单位：上海冰箱厂　　进仓日期：20××年01月04日　　No. 1

原始发票			货号	品名规格	单位	验收数量												价格				合同执行记录	
20××		号码				原运数量	实收数量	单价	金额									进货地批发价	当地批发价	当地零售价	包装规格	期间	号码
月	日								百	十	万	千	百	十	元	角	分						
1	1		BCD-180W	上海产上菱冰箱	台	1 000	1 000	2 360	2	3	6	0	0	0	0	0	0						
			BCD-202W	上海产上菱冰箱	台	1 000	1 000	2 440	2	4	4	0	0	0	0	0	0						
合计									4	8	0	0	0	0	0	0	0						
备注																							

财会：　　复核：　　保管员：杨晓莉

7. 1月5日，收到常德鼎城百货公司预付货款。

中国工商银行信汇凭证（收账通知或取款收据）　4 湘长　No. 023926

委托日期：20××年01月02日　　应解汇款编号

汇款人					收款人				
全称	常德鼎城区百货公司				全称	三湘商贸有限责任公司			
账号或住址	430067564120130008				账号或住址	43001525061054322246			
汇出地点	湖南省常德市县	汇出行名称	交行鼎城支行		汇入地点	湖南省长沙市县	汇入行名称	市工行香樟路分理处	
汇款金额	人民币（大写）贰拾万元整						千百十万千百十元角分	¥20000000	
汇款用途：购货					留行待取预留收款人印鉴				
上列款项已代进账，如有错误，请持此联来行面洽。汇入行盖章　年　月　日		上列款项已照收无误　收款人盖章　年　月　日			科目（借）……　对方科目（贷）……　汇入行解汇日期　年　月　日　复核　出纳　记账				

此联给收款人的收账通知或代取款收据

8. 1月8日，收到仓库验收单和天津电视机厂的销售发票和增值税发票，经查为上月已预付部分款，余款暂欠。

天津市增值税专用发票

抵 扣 联　　　No. 00016801

校验码：　　　开票日期：20××年01月02日

购买方	名　　　称：三湘商贸有限责任公司 纳税人识别号：430104786543898 地 址、电 话：长沙市雨湖区香樟路186号84234516 开户行及账号：市工行香樟路分理处 430015206105432246	密码区	（略）

货物或应税劳务、服务名称	规格型号	单位	数量	单价	金　额	税率	税　额
63 cm长城直角遥控彩电		台	500	4 000.00	2 000 000.00	17%	340 000.00
合　　计					¥2 000 000.00		¥340 000.00
价税合计（大写）	⊗仟贰佰叁拾肆万零仟零佰零拾零元零角零分　（小写）¥2 340 000.00						

销售方	名　　　称：天津电视机厂 纳税人识别号：030506786590 地 址、电 话：和平路172号 开户行及账号：0800312567869	备注	天津电视机厂 发票专用章 030506786590

收款人：王　怡　　　复核：　　　开票人：曾学锋　　　销售方：（章）

国税函〔2017〕253号海南华森实业公司

第二联：抵扣联　购买方扣税凭证

天津市增值税专用发票

发 票 联　　　No. 00016801

校验码：　　　开票日期：20××年01月02日

购买方	名　　　称：三湘商贸有限责任公司 纳税人识别号：430104786543898 地 址、电 话：长沙市雨湖区香樟路186号84234516 开户行及账号：市工行香樟路分理处430015206105432246	密码区	（略）

货物或应税劳务、服务名称	规格型号	单位	数量	单价	金　额	税率	税　额
63 cm长城直角遥控彩电		台	500	4 000.00	2 000 000.00	17%	340 000.00
合　　计					¥2 000 000.00		¥340 000.00
价税合计（大写）	⊗仟贰佰叁拾肆万零仟零佰零拾零元零角零分　（小写）¥2 340 000.00						

销售方	名　　　称：天津电视机厂 纳税人识别号：030506786590 地 址、电 话：和平路172号87691248 开户行及账号：市工行和平分理处0800312567869451719	备注	天津电视机厂 发票专用章 030506786590

收款人：王　怡　　　复核：　　　开票人：曾学锋　　　销售方：（章）

国税函〔2017〕253号海南华森实业公司

第三联：发票联　购买方记账凭证

公司百货批发部

商品入库单②会计

来货单位：天津电视机厂　　进仓日期：20××年01月08日　　No. 2

原始发票			货号	品名规格	单位	验收数量												价格			包装规格	合同执行记录	
20××		号码				原运数量	实收数量	单价	金额									进货地批发价	当地批发价	当地零售价		期间	号码
月	日								百	十	万	千	百	十	元	角	分						
1	1	95801	10193	63cm长城直角遥控彩电	台	500	500	4 000	2	0	0	0	0	0	0	0	0						
合计									2	0	0	0	0	0	0	0	0						
备注																							

财会：　　复核：　　保管员：杨晓莉

9. 1月9日，汇款至上海洗衣机厂，预付购水仙洗衣机款，计人民币贰拾万元整。上海洗衣机厂账号0430518846568975666，开户银行：工行黄浦分理处，填制“电汇”单。

中国工商银行电汇凭证（回单）　**1**

委托日期：　年　月　日　　第　号

汇款人	全称				收款人	全称			
	账号或住址					账号或住址			
	汇出地点	省　市县	汇出行名称			汇入地点	省　市县	汇入行名称	
汇款金额	人民币（大写）							千百十万千百十元角分	
汇款用途：					汇出行盖章				
上列款项已根据委托办理，如需有查询，请持此回单来行面洽。					年　月　日				
单位主管　会计　出纳　记账									

此联汇出行给汇款人的回单

10. 1月9日，销售给岳阳五交化公司下列电视机一批，代办托运、代垫运费 6 623.79 元，开现金支票支付给火车站托运处，同日到银行办妥了托收款手续。

销 售 清 单

产　　地	品　名	单位	型　　号	数量	单价(元)
深圳康佳电视机厂	康佳彩电	台	34 英寸	100	2 900.00
上海松下等离子显示器有限公司	松下彩电	台	TY-WK42PV3C	10	9 600.00

××省增值税专用发票

此联不作报销、扣税凭证使用　　　　No. 00056802

国税函〔2017〕253号海南华森实业公司

校验码：　　　　　　　　　　开票日期：　　年　　月　　日

购买方	名　　称： 纳税人识别号： 地 址、电 话： 开户行及账号：	密码区	（略）

货物或应税劳务、服务名称	规格型号	单位	数量	单价	金　额	税率	税　额
合　计							
价税合计(大写)	仟　佰　拾　万　仟　佰　拾　元　角　分					(小写)	

销售方	名　　称： 纳税人识别号： 地 址、电 话： 开户行及账号：	备注	

收款人：　　　　复核：　　　　开票人：　　　　销售方：(章)

第一联：记账联　销售方记账凭证

货物运输业增值税专用发票

发 票 联

No. 00006754

004352909876

开票日期： 20××年01月09日

承运人及纳税人识别号	湖南商运物流公司 4300187969032					密码区	（略）	
实际受票方及纳税人识别号	岳阳五交化公司 4300042806782							
收货人及纳税人识别号	岳阳五交化公司 4300042806782					发货人及纳税人识别号	三湘商贸有限责任公司 430104786543898	
起运地、经由，到达地			长沙市，岳阳市					
费用项目及金额	费用项目 运费	金额 6 623.79	费用项目	金额		运输货物信息		
合计金额	￥6 623.79	税率	11%	税额	￥728.62	机器编号	234006578293	
价税合计（大写）	⊗万柒仟叁佰伍拾贰元肆角壹分						（小写）￥7 352.41	
车种车号	货运 湘F:06781	车船吨位				备注	湖南商运物流公司 4300187969032 发票专用章	
主管税务机关及代码		长沙市地税局 0046759						

收款人：李丰　　复核：许林　　开票人：杨松波　　承运人：（章）

税总函〔2017〕240号西安印钞有限公司

第三联：发票联　受票方记账凭证

No. 005514

中国工商银行（湘）
现金支票存根

科　　目__________

对方科目__________

出票日期　年　月　日

收款人：	
金　额：	
用　途：	

单位主管　　会计

此联退购货单位

中国工商银行**现金支票**（湘）长沙　No. 005514

本支票付款期限十天

出票日期（大写）　　年　　月　　日　　付款行名称：

收款人：　　出票人账号：

人民币（大写）	千	百	十	万	千	百	十	元	角	分

用途__________

上列款项请从
我账户内支付
出票人签章

科目（借）__________

对方科目（贷）__________

付讫日期　年　月　日

出纳　　复核　　记账

贴对号单处　　No. 005514

此联交购货单位开户行

委邮　委托号码：1

委托收款凭证（回　单）

No. 037082

委托日期：　年　月　日

汇款人	全　称		收款人	全　称											
	账号或住址			账号或住址											
	开户银行			开户银行		行号									
委收金额	人民币（大写）					千	百	十	万	千	百	十	元	角	分
款项内容		委托收款凭据名称		附寄单证张数											
备注：		款项收妥日期　年　月　日		收款人开户银行盖章　月　日											

单位主管　　会计　　复核　　记账

此联收款人开户银行给收款人的回单

11. 1月9日，支付电费（办公楼耗用）。

湖南省长沙市长沙电业局用电管理所电力销售发票

发　票　联

0103980830　　国税　No. 0126290

20××年01月09日　　客户：三湘商贸有限责任公司　　地址：五一路160号

项目编号	项目名称	单位	电　量	单　价		金　额	备　注
1	电度电费	元	6 000	0.4500	超过百万元无效	2 700.00	限电容量：4.2kW
2	电力建设资金	元	6 000	0.0200		120.00	
3	三峡建设基金	元	6 000	0.0130		78.00	
4	公用事业附加	元	6 000	0.0200		120.00	
5	重点工程基金	元	6 000	0.0000		0.00	
6	市政电网资金	元	6 000	0.0000		0.00	
7	经营照明加价	元	6 000	0.0000		0.00	收费方式：现金
合计金额（大写）：⊗万叁仟零壹拾捌元整							（小写）￥3 018.00

操作员：肖　明　　收费员：李风进　　制票人：祝　谭　　收款单位盖章（未盖章无效）

第二联：付款人报销凭证

同城委托收款凭证(付款通知)

委托号码：

单位：　　委托日期 20××年 01 月 09 日　付款期限 20××年 01 月 10 日

付款人	全　称	三湘商贸有限责任公司	收款人	全　称	长沙市城北供电公司
	账　号	4300152506105432246		账　号	1901007309003400997
	开户银行	市工行香樟路 186 号		开户银行	工行马王堆支行
委收金额	人民币(大写)⊗万叁仟零壹拾捌元整				(小写)￥3 018.00
款项内容	电费	委托收款凭据名称	发票	附寄单证张数	1
备注：	1. 手工填写或与银行对账单不符者无效 2. 有关电费问题请与城北供电局联系				

单位：　　会计：王　红　　复核：　　记账：刘　莉　　付款人开户行盖章　月　日

12. 1 月 10 日，上缴上年度税金。

中华人民共和国
税收通用缴款书

(20081)湘地电缴 01240021 号

填发日期：20××年 01 月 10 日征收机关：长沙市天心地税局

无银行收讫章无效

缴款单位(人) 代码	430104786543898		预算科目 款	教育费附加	
全称	三湘商贸有限责任公司		项		
开户银行	市工行香樟路分理处		级次	市级	
账号	4300152061054322246		收款国库	天心区支库	
品目名称	课税数量	计税金额或销售收入	税率或单位税额	已缴或扣除额	实缴金额
教育费附加		51 131.99	3%		1 533.96
金额合计	人民币(大写)：⊗万壹仟伍佰叁拾叁元玖角陆分				(小写)￥1 533.96
缴纳单位(人)(盖章) 经办人(章)	税务机关(盖章) 填票人(章)	上列款项已收妥并划转收款单位账户 国库(银行)盖章　年　月　日			备　注

第一联(收据)国库(经济处)收款盖章后退缴款单位(人)作完税凭证

逾期不缴按税法规定加收滞纳金

中华人民共和国
税收通用缴款书

(20081)湘地电缴 01240022 号

填发日期：20××年 01 月 10 日征收机关：长沙市天心地税局

无银行收讫章无效

缴款单位(人)	代码	430104786543898	预算科目	款	所得税
	全称	三湘商贸有限责任公司		项	
	开户银行	市工行香樟路分理处		级次	市级
	账号	43001520610543222246	收款国库		天心区支库

品目名称	课税数量	计税金额或销售收入	税率或单位税额	已缴或扣除额	实缴金额
所得税		505 904.76	25%		126 476.19
金额合计	人民币(大写)：⊗佰壹拾贰万陆仟肆佰柒拾陆元壹角玖分				(小写)￥126 476.19
缴纳单位(人)(盖章) 经办人(章)	税务机关(盖章) 填票人(章)	上列款项已收妥并划转收款单位账户 国库(银行)盖章 年 月 日			备注

逾期不缴按税法规定加收滞纳金

第一联(收据)国库(经济处)收款盖章后退缴款单位(人)作完税凭证

中华人民共和国
税收通用缴款书

(20081)湘地电缴 01240023 号

填发日期：20××年 01 月 10 日征收机关：长沙市天心地税局

无银行收讫章无效

缴款单位(人)	代码	430104786543898	预算科目	款	城市维护建设税
	全称	三湘商贸有限责任公司		项	
	开户银行	市工行香樟路分理处		级次	市级
	账号	43001520610543222246	收款国库		天心区支库

品目名称	课税数量	计税金额或销售收入	税率或单位税额	已缴或扣除额	实缴金额
城市维护建设税		51 131.99	7%		3 579.24
金额合计	人民币(大写)：⊗万叁仟伍佰柒拾玖元贰角肆分				(小写)￥3 579.24
缴纳单位(人)(盖章) 经办人(章)	税务机关(盖章) 填票人(章)	上列款项已收妥并划转收款单位账户 国库(银行)盖章 年 月 日			备注

逾期不缴按税法规定加收滞纳金

第一联(收据)国库(经济处)收款盖章后退缴款单位(人)作完税凭证

中华人民共和国
税收通用缴款书

(20081)湘地电缴 01240024 号

填发日期：20××年 01 月 10 日征收机关：长沙市天心地税局

无银行收讫章无效

缴款单位(人)			预算科目		
	代码	430104786543898		款	增值税
	全称	三湘商贸有限责任公司		项	
	开户银行	市工行香樟路分理处		级次	国库
	账号	4300152061054322246	收款国库		天心区支库

品目名称	课税数量	计税金额或销售收入	税率或单位税额	已缴或扣除额	实缴金额
增值税		300 776.41	17%		51 131.99
金额合计	人民币(大写)：⊗拾伍万壹仟壹佰叁拾壹元玖角玖分				(小写)¥51 131.99
缴纳单位(人)(盖章) 经办人(章)	税务机关(盖章) 填票人(章)	上列款项已收妥并划转收款单位账户 国库(银行)盖章　　年　月　日			备　注

逾期不缴按税法规定加收滞纳金

第一联(收据)国库(经济处)收款盖章后退缴款单位(人)作完税凭证

13. 1月 11 日，订今年度报刊杂志费，以现金支付。

湖南省邮政杂志收据

湘邮 04 (20)三　No. 0620532

发　票　联

20××年 01 月 11 日

户名 三湘商贸有限责任公司　　自费/公费

地址　香樟路 186 号　　(段别)

杂志代号	杂志名称	起止订期	份数	单价	共计款项
36—25	长沙晚报	20××.01～12	1		¥160.00

大写金额：⊗万⊗仟壹佰陆拾元零角零分

开具人员：裴　芳　　　收款人员：文　姿

第二联：报销凭证

湖南省邮政杂志收据

湘邮 04 (20)三　No. 0620533

发　票　联

20××年 01 月 11 日

户名 三湘商贸有限责任公司　　自费/公费

地址　香樟路 186 号　　(段别)

杂志代号	杂志名称	起止订期	份数	单价	共计款项
38—303	参考消息	20××.01～12	1		¥180.00

大写金额：⊗万⊗仟壹佰陆拾元零角零分

开具人员：裴　芳　　　收款人员：文　姿

第二联：报销凭证

××省邮政杂志收据

湘邮 04
(20)三

No. 0620533

发　票　联

20××年 01 月 11 日

户名三湘商贸有限责任公司　　　　　自费/公费

地址　香樟路 186 号　　　　　(段别)

杂志代号	杂志名称	起止订期	份数	单价	共计款项
42—7	湘声报	20××.01～12	1		￥150.00

大写金额：⊗万⊗仟壹佰陆拾元零角零分

开具人员：裴　芳　　　收款人员：文　姿

第二联：报销凭证

湖南省邮政杂志收据

湘邮 04
(20)三

No. 0620533

发　票　联

20××年 01 月 11 日

户名三湘商贸有限责任公司　　　　　自费/公费

地址　香樟路 186 号　　　　　(段别)

杂志代号	杂志名称	起止订期	份数	单价	共计款项
82—506	财会通讯	20××.01～12	1		￥84.00

大写金额：⊗万⊗仟壹佰陆拾元零角零分

开具人员：裴　芳　　　收款人员：文　姿

第二联：报销凭证

14. 1 月 11 日，向工商银行申请临时借款，款项存入银行。

借 款 借 据(正本)　①

贷款公司：三湘商贸有限责任公司　20××年 01 月 11 日　借款合同编号：252007125023800

贷款类型	抵押	贷款人账号	800007216550030	存款人账号	800007216520010

金额		亿	千	百	十	万	千	百	十	元	角	分
	(大写)⊗仟伍佰万元整		￥	5	0	0	0	0	0	0	0	0

偿还期限：　借款 6 个月，于 20××年 07 月 11 日到期

根据　号借款合同借到以上贷款，到期请凭此收据收回。本单位愿意遵守你行的贷款办法及其有关规定。
法人代表(盖章)：刘晴宇
财会负责人：李煜(企业公章)

借款用途：商品流转购彩电

银行审批意见：同意借款 5 000 000 元，于 20××年 01 月 11 日起息，月息为 6.63‰，于 20××年 07 月 11 日到期
经办信贷员：曾　蕴　　信贷部门(章)
年　月　日
信贷科长：杨保国　主管行长：曾窖

分次还款记录	年	月	日	还款金额	尚欠金额

展期记录

本借据由借款企业填写交银行信贷部门签章后，交会计部门凭以发放贷款，借款还清后注销借据退还借款企业。

15. 1 月 11 日，收到银行传来益阳衡龙桥百货公司的信汇，销售下列商品给益阳衡龙桥百货公司，增值税税率为 17%，余额填制电汇退回。

商品销售清单

商品名称	规格型号	数量	单价(元)
长城直角遥控彩电(台)	63cm	170	4 480
金狮自行车(辆)	QB950	100	580
永久自行车(辆)	QC440	200	450

交通银行信汇凭证（ ）（收账通知或取款收据） 4 湘益 No. 026727

委托日期：20××年 01 月 09 日　　4　　应解汇款编号

汇款人	全称	益阳市衡龙桥百货公司	收款人	全称	三湘商贸有限责任公司	
	账号或住址	0800822000196521003		账号或住址	430015250610543222246	
	汇出地点	湖南省益阳市/县　汇出行名称：农行衡龙桥支行		汇入地点	湖南省长沙市/县　汇入行名称：工行香樟路分理处	
汇款金额	人民币(大写)⊗仟贰佰万元整			千百十万千百十元角分	¥2 0 0 0 0 0 0 0 0	
汇款用途：购货				留行待取预留收款人印鉴		
上列款项已代进账，如有错误，请持此联来行面洽。 汇入行盖章 年 月 日		上列款项已照收无误 收款人盖章 年 月 日		科目(借)…… 对方科目(贷)…… 汇入行解汇日期 年 月 日 复核 出纳 记账		

中国工商银行电汇凭证（回单） 1

委托日期：　年　月　日　　第　号

汇款人	全称		收款人	全称	
	账号或住址			账号或住址	
	汇出地点	省　市/县　汇出行名称		汇入地点	省　市/县　汇入行名称
汇款金额	人民币(大写)			千百十万千百十元角分	
汇款用途：			汇出行盖章 年 月 日		
上列款项已根据委托办理，如需有查询，请持此回单来行面洽。					
单位主管　会计　出纳　记账					

此联汇出行给汇款人的回单

国税函(2017)253号海南华森实业公司

××省增值税专用发票

此联不作报销、扣税凭证使用　　No. 00056803

校验码：　　　　开票日期：　　年　　月　　日

购买方	名　　称： 纳税人识别号： 地 址、电 话： 开户行及账号：					密码区	（略）	
货物或应税劳务、服务名称	规格型号	单位	数量	单价	金　额	税率	税　额	
合　计								
价税合计（大写）	仟　佰　拾　万　仟　佰　拾　元　角　分						（小写）	
销售方	名　　称： 纳税人识别号： 地 址、电 话： 开户行及账号：					备注		

收款人：　　　　复核：　　　　开票人：　　　　销售方：（章）

第一联：记账联　销售方记账凭证

16. 1月12日，王晓又报销到财政厅进修的电算化会计培训费，以现金支付。

湖南省事业性收费收款收据

湘财统字　No. 0319749

交款单位：三湘商贸有限责任公司　20××年01月02日

收费项目	收费标准	金额 千	百	十	万	千	百	十	元	角	分	备注
培训费						1	5	0	0	0	0	
资料费								9	7	5	0	
					¥	1	5	9	7	5	0	
合计金额（大写）	⊗仟⊗佰⊗拾⊗万壹仟伍佰玖拾柒元伍角零分											

收款单位（财务专用章）：　　　　财会主管（盖章）：　　　　收款人（盖章）：肖　盟

17. 1月15日，收到衡阳五金站分期付款97 442.90元，经查该项货物的成本为53 726.45元。

中国工商银行信汇凭证（收账通知或取款收据） 4 湘衡No. 023927

委托日期：20××年01月12日　　　　应解汇款编号

汇款人	全　称	衡阳市五金站			收款人	全　称	三湘商贸有限责任公司		
	账　号或住址	080049756241311105				账　号或住址	4300152061054322246		
	汇　出地　点	湖南省衡阳市县	汇出行名　称	农行回雁峰支行		汇　入地　点	湖南省长沙市县	汇入行名　称	工行香樟路分理处
金额	人民币（大写）⊗拾玖万柒仟肆佰肆拾贰元玖角整						千百十万千百十元角分		¥9744290
汇款用途：购货款					留行待取预留收款人印鉴				
上列款项已代进账，如有错误，请持此联来行面洽。汇入行盖章　年　月　日			上列款项已照收无误　收款人盖章　年　月　日		科　目（借）________ 对方科目（贷）________ 汇入行解汇日期　年　月　日 复核　出纳 记账				

此联给收款人的收账通知或代取款收据

湖南省增值税专用发票

此联不作报销、扣税凭证使用　　No. 00056801

校验码：　　　　开票日期：　年　月　日

购买方	名　　称： 纳税人识别号： 地 址、电 话： 开户行及账号：				密码区	（略）	
货物或应税劳务、服务名称	规格型号	单位	数量	单价	金　额	税率	税　额
合　计							
价税合计（大写）	仟　佰　拾　万　仟　佰　拾　元　角　分					（小写）	
销售方	名　　称： 纳税人识别号： 地 址、电 话： 开户行及账号：				备注		

收款人：　　复核：　　开票人：　　销售方：（章）

第一联：记账联　销售方记账凭证

国税函〔2017〕253号海南华森实业公司

18. 1月15日，收到岳阳五交化公司收款(其金额见第10笔业务)。

委邮　委托号码：**4**

委托收款凭证　（收账通知）

No. 037082

付款期限　年　月　日　　委托日期：　年　月　日

汇款人	全　称		收款人	全　称												
	账号或住　址			账号或住　址												
	开户银行			开户银行		行号										
委收金额	人民币（大写）						千	百	十	万	千	百	十	元	角	分
款项内容		委托收款凭据名称			附寄单证张数											
备注：		上列款项： 1. 已全部划回收入你方账户。 2. 已收回部分款项收入你方账户。 3. 全部未收到。 收款人开户银行盖章 年　月　日														
单位主管　会计　复核　记账		收付日期　年　月　日 支付日期　年　月　日														

此联给收款人的收账通知

此后收款人开户银行在款项收妥

19. 1月16日，支付天津电视机厂款(扣除上月预付款)，天津电视机厂账号为080031256786945689，天津电视机厂开户银行：工行天津市开单支行。

中国工商银行电汇凭证　（回　单）

1

委托日期：　年　月　日　　第　号

汇款人	全　称				收款人	全　称												
	账　号或住址					账　号或住址												
	汇　出地　点	省　市县	汇出行名　称			汇　入地　点	省　市县	汇入行名　称										
汇款金额	人民币（大写）								千	百	十	万	千	百	十	元	角	分
汇款用途：					汇出行盖章 年　月　日													
上列款项已根据委托办理，如需有查询，请持此回单来行面洽。																		
单位主管　会计　出纳　记账																		

此联汇出行给汇款人的回单

20. 1月16日，经理周民报销电话费。

湖南省长沙市电信局电信业务专用发票 地税

发 票 联

序号：J20001011563869　　日期：20××年01月10日　　(20××)0943145

号码：4446556				业务类别		
用户名称：周　民					付款方式	现金付款
项　目	金　额	项　目	金　额	备注： 1. 此票为电信业务专用。 2. 此票使用至20××年年底，过期作废。		
声讯费	12.48	区间通话费	4.50			
长途费	235.40	市话费	174.58			
月租费	17.60	欠费费用	98.78			
滞纳金	2.96	余额	0.20			
大写金额	人民币伍佰肆拾陆元整			小写金额	￥546.00	

本发票手工填制无效　　开票人：　　收款人：

②收执方付款凭证

湖南省长沙市电信局电信业务专用发票 地税

发 票 联

序号：J20007101455416　　日期：20××年01月16日　　(20)

号码：13908476238				业务类别		
用户名称：周　民					付款方式	现金付款
项　目	金　额	项　目	金　额	备注： 1. 此票为电信业务专用。 2. 此票使用至20××年年底，过期作废。		
长话费	14.60	移动费	210.40			
欠费金额						
大写金额	人民币贰佰贰拾伍元整			小写金额	￥225.00	

本发票手工填制无效　　开票人：　　收款人：

②收执方付款凭证

21. 1月16日，出售阿继股份收到款项91 200元，将91 200元从股票专用账户以现金方式全额取出，存入基本账户。

中国工商银行长沙分行三联现金缴款单

缴款日期：20××年　月　日　　对方科目：　　编号：

收款单位	全　称				款项来源	
	账　号		开户银行		交款单位	

金　额	人民币（大写）		十	万	千	百	十	元	角	分

票　面	壹佰元	伍拾元	拾元	伍元	贰元	壹元	伍角	项角	壹角	分币	合　计	
把数（百张）												
卡数（廿张）												收款： 复核：
零张数												
合计金额												

第一联：回单联

22. 1月16日，购支票等。

① 中国工商银行　空白凭证购买单（代缴费回单）

20××年01月12日

户名：三湘商贸有限责任公司　账号：43001525061054322246

凭证种类		单位	数量	单价	工本费					手续费					合计金额				
名　称	起讫号码				百	十	元	角	分	百	十	元	角	分	百	十	元	角	分
现金支票		本	1	5.00			5	0	0		2	5	0	0		3	0	0	0
转账支票		本	1				5	0	0		2	5	0	0		3	0	0	0
进账单		本	1	4.00			4	0	0								4	0	0
合　计					¥	1	4	0	0	¥	5	0	0	0	¥	6	4	0	0

购买单位：三湘商贸有限责任公司 会计　出纳　记账 （付款单位盖章）	合计人民币（大写）⊗佰陆拾肆元整 会计科目（付出） 对方科目（收入） 记账　复核　银行

此联作为购买单位回单

23. 1月17日，收到上海水仙洗衣机厂的委托收款凭证和销售发票，经查1月9日已付贰拾万元，故填部分拒付理由书。

电　5　委托号码：

托收承付凭证（承付/支款通知）　No. 00121

委托日期：20××年01月10日

汇款人	全　称	三湘商贸有限责任公司	收款人	全　称	上海水仙洗衣机厂											
	账号或住址	430015206105432224 6		账号或住址	430589635472567 66											
	开户银行	市工行香樟路分理处		开户银行	工行	行号	南京路分理处									
委托金额	人民币（大写）	⊗佰玖拾肆万壹仟零陆拾元整				千	百	十	万	千	百	十	元	角	分	
							¥	9	4	1	0	6	0	0	0	
附　件		商品发运情况				合同名称号码										
附寄单证张数或册数	1	火　车				购销58#										

备注：

电划

付款人注意：
1. 根据结算办法规定，上列托收款项，如超过承付期限并未拒付时，即视同全部承付，如系金额支付即以此联代支款通知；如遇延付或部分支付时，再由银行另送延付或部分支付的支款通知。
2. 如需提前承付或多承付时，应另写书面通知送银行办理。
3. 如系全部或部分拒付。应在承付期限内另填拒绝承付理由书送银行办理。

此联是付款人给开户银行通知付款人按期承付货款的承付(支款通知)

单位主管　　会计　　复核　　记账　　付款单位开户银行盖章　　月　　日

上海市增值税专用发票

发票联　　No. 00257891

（全国统一发票监制章 上海 国家税务局监制）

校验码：　　开票日期：20××年01月02日

购买方	名　称：三湘商贸有限责任公司 纳税人识别号：430104786543898 地址、电话：长沙市雨湖区香樟路186号 84234516 开户行及账号：市工行香樟路分理处 4300152061054322246				密码区	（略）	
货物或应税劳务、服务名称	规格型号	单位	数量	单价	金　额	税率	税　额
50—50上海产水仙洗衣机		台	1 000	800.00	800 000.00	17%	136 000.00
合　计					¥800 000.00		¥136 000.00
价税合计（大写）	⊗佰玖拾叁万陆仟零佰零拾零元零角零分　（小写）¥936 000.00						
销售方	名　称：上海水仙洗衣机厂 纳税人识别号：430589635472 地址、电话：南京路365号 83214123 开户行及账号：市农行南京路支行 0204569874524001271				备注	上海水仙洗衣机厂 430589635472 发票专用章	

国税函(2017)252号海南华森实业公司

第三联：发票联　购买方扣税凭证

收款人：卢科梅　　复核：　　开票人：赵华星　　销售方：(章)

开户银行	
账　　号	

上海市铁路专用线运输收费发票

发　票　联

铁运六
(20)

客户：三湘商贸有限责任公司　　地址：香樟路186号　20××年01月12日

发货单位	上海	费用项目	计算单位	数　量	单价(元)	金额						
收货单位						万	千	百	十	元	角	分
国铁运票号		取送车费	车(吨)公里	90×30	6		1	6	2	0	0	0
车种车号		线路使用费	吨	2 400	0.7		1	6	8	0	0	0
货物品名	洗衣机	货场货位使用费	吨	2 400	0.4			9	6	0	0	0
标　　重		共用运输服务费	吨									
计费重量(吨)	2 400	翻匀暂存费	匀次									
备注		货物暂存费	车(吨)									
		代收 使用费						8	0	0	0	0
						¥	5	0	6	0	0	0
		合计金额(大写)	⊗万伍仟零佰陆拾零元零角零分									

收款单位章：(未盖章无效)　复核人：　　制票人：　　收款人：张　群

开户银行	
账　　号	

上海市铁路专用线运输收费发票

抵　扣　联

铁运六
(20)

客户：三湘商贸有限责任公司　　地址：香樟路186号　20××年01月12日

发货单位	上海	费用项目	计算单位	数　量	单价(元)	金额						
收货单位						万	千	百	十	元	角	分
国铁运票号		取送车费	车(吨)公里	90×30	6		1	6	2	0	0	0
车种车号		线路使用费	吨	2 400	0.7		1	6	8	0	0	0
货物品名	洗衣机	货场货位使用费	吨	2 400	0.4			9	6	0	0	0
标　　重		共用运输服务费	吨									
计费重量(吨)	2 400	翻匀暂存费	匀次									
备注	可抵扣7%的增值税	货物暂存费	车(吨)									
		代收 使用费						8	0	0	0	0
						¥	5	0	6	0	0	0
		合计金额(大写)	⊗万伍仟零佰陆拾零元零角零分									

③ 税款抵扣凭证

收款单位章：(未盖章无效)　复核人：　　制票人：　　收款人：张　群

托收承付/委托收款 结算 全部/部分 拒绝付款理由书 （回单或支款通知） 1

拒付日期：　　年　　月　　日　　原委收号码：

汇款人	全称		收款人	全称		
	账号			账号		
	开户银行	行号		开户银行	行号	
委收金额	人民币（大写）			部分付款金额	千百十万千百十元角分	
附寄单证	张	部分付款金额（大写）				
拒付理由： 付款人盖章						

此联银行给付款人的回单或支款通知

24. 1月17日，销株洲百货公司自行车一批。采用托收承付银行收款结算方式，代垫运费800元，开具现金支票垫付。

商品销售清单

品　名	规　格	单　位	数　量	单价(元)	税　率
永久自行车	QG440型	辆	350	400.00	17%
五羊自行车	QW240型	辆	450	420.00	17%
飞鸽自行车	QF240型	辆	650	430.00	17%

No. 005515

中国工商银行 现金支票存根（湘）

科　　目________

对方科目________

出票日期　年　月　日

收款人：	
金　额：	
用　途：	

单位主管　　会计

中国工商银行 现金支票（湘） 长沙 No. 005515

本支票付款期限十天

出票日期（大写）　　年　　月　　日　　付款行名称：

收款人：　　出票人账号：

人民币（大写）	千	百	十	万	千	百	十	元	角	分

用途________

上列款项请从

我账户内支付

出票人签章

科目（借）________

对方科目（贷）________

付讫日期　年　月　日

出纳　复核　记账

贴对号单处　　No. 005513

000002354689

货物运输业增值税专用发票

No. 000453687

发　票　联

开票日期：20××年01月17日

承运人及纳税人识别号	湖南华茂物流公司 4301048104356	密码区	（略）
实际受票方及纳税人识别号	株洲百货公司 4302031806081		
收货人及纳税人识别号	株洲百货公司 4302031806081	发货人及纳税人识别号	
起运地、经由，到达地	长沙市、株洲市		
费用项目及金额	费用项目　金额　费用项目　金额 运费　800.00	运输货物信息	

合计金额	¥800.00	税率	11%	税额	¥88.00	机器编号	399850038612
价税合计（大写）	⊗仟捌佰捌拾捌元整				（小写）¥888.00		
车种车号		车船吨位		备注	湖南华茂物流公司 4301048104356 发票专用章		
主管税务机关及代码	长沙市地税税局 0046759						

收款人：艾玉兰　　复核人：艾玉兰　　开票人：张杨　　承运人：（章）

国税函〔2017〕262号海南华森实业公司

第三联：发票联　受票方记账凭证

托收承付凭证　（回　单）

电　　1　委托号码：

No. 00123

委托日期：20××年　月　日

汇款人	全　称		收款人	全　称		
	账号或住址			账号或住址		
	开户银行			开户银行		行号
委托金额	人民币（大写）			千 百 十 万 千 百 十 元 角 分		
附　件		商 品 发 运 情 况		合 同 名 称 号 码		
附寄单证张数或册数	1					
备注： 电划		款项收妥日期 年　月　日		收款人开户银行盖章　月　日		

单位主管　　会计　　复核　　记账

此联是收款人开户银行给收款人的回单

国税函(2017)253号海南华森实业公司

湖南省增值税专用发票

此联不作报销、扣税凭证使用

No. 00056804

校验码：　　　　　　开票日期：　　年　　月　　日

购买方	名　　称： 纳税人识别号： 地 址、电 话： 开户行及账号：				密码区	（略）	
货物或应税劳务、服务名称	规格型号	单位	数量	单价	金　额	税率	税　额
合　　计							
价税合计(大写)	仟　佰　拾　万　仟　佰　拾　元　角　分				（小写）		
销售方	名　　称： 纳税人识别号： 地 址、电 话： 开户行及账号：				备注		

收款人：　　　复核：　　　开票人：　　　销售方：(章)

第一联：记账联　销售方记账凭证

25. 1月18日，支付搬运费，以现金支票支付。

国税函(2017)662号海南华森实业公司

湖南增值税专用发票

4300154130　　　　发　票　联　　　　No. 00258964

开票日期：20××年01月12日

购买方	名　　称：三湘商贸有限责任公司 纳税人识别号：430104786543898 地 址、电 话：长沙市雨湖区香樟路186号84234516 开户行及账号：市工行香樟分理处430015206105432246				密码区	（略）	
货物或应税劳务、服务名称	规格型号	单位	数量	单价	金　额	税率	税　额
装车费			2	640.775	1 281.55	3%	38.45
合　　计					￥1 281.55		￥38.45
价税合计(大写)	⊗壹仟叁佰贰拾元整					（小写）￥1 320.00	
销售方	名　　称：好运来运输公司 纳税人识别号：430102654487888 地 址、电 话：长沙市岳麓大道327号69911928 开户行及账号：市建行岳麓支行2100102126376954231				备注	好运来运输公司 发票专用章 430102654487888	

收款人：马观　　　复核：董玲　　　开票人：　　　销售方：(章)

第三联：发票联　购买方记账凭证

No. 005516

中国工商银行（湘）

现金支票存根

科　目＿＿＿＿＿＿

对方科目＿＿＿＿＿＿

出票日期　年　月　日

收款人：	
金　额：	
用　途：	

单位主管　　会计

中国工商银行**现金支票**（湘）长沙 No. 005516

本支票付款期限十天

出票日期（大写）　　年　月　日　　付款行名称：

收款人：　　出票人账号：

人民币（大写）	千	百	十	万	千	百	十	元	角	分

用途＿＿＿＿＿＿

上列款项请从

我账户内支付

出票人签章

科目（借）……………

对方科目（贷）……………

付讫日期　年　月　日

出纳　复核　记账

贴对号单处　　No. 005516

26. 1月18日，将小五金销往达美批发有限公司，收到进账单。

商品销售清单

品　名	数　量（箱）	单　价（元）	金　额（元）	税　率	税　额（元）	合　计（元）
小五金	98	3 320.00	325 360.00	17%	55 311.20	380 671.20

银行　进账单　　3

（回单或收账通知）

20××年 01 月 16 日

收款人	全　称	三湘商贸有限责任公司									
	账　号	43001520610543222246									
	开户银行	工行香樟路分理处									
人民币		千	百	十	万	千	百	十	元	角	分
			¥	3	8	0	6	7	1	2	0
付款人	全　称	长沙达美批发有限公司									
	账　号	80065816698100012									
	开户银行	招商银行长沙分公司									
款项来源		货款									

湖南省增值税专用发票

此联不作报销、扣税凭证使用

No. 00056805

校验码：

开票日期： 年 月 日

购买方	名 称： 纳税人识别号： 地 址、电 话： 开户行及账号：					密码区	（略）	
货物或应税劳务、服务名称	规格型号	单位	数 量	单价	金 额	税率	税 额	
合 计								
价税合计（大写）	仟 佰 拾 万 仟 佰 拾 元 角 分 （小写）							
销售方	名 称： 纳税人识别号： 地 址、电 话： 开户行及账号：					备注		

收款人： 复核： 开票人： 销售方：（章）

国税函〔2017〕253号海南华森实业公司

第一联：记账联 销售方记账凭证

27. 1月18日，职工王晓又报工伤医疗补助后的差额部分（发票金额的30%），公司以现金支付。

长沙市四医院门诊医药发票

发 票 联

地税

（20 ）

姓名：王晓又

西 药	1 100.00	心电图	
中 药	4 300.00	输氧费	
注射费	50.00	输血费	
材料费	120.00	抢救费	
换药费		门诊手术费	
透视费		治疗费	
照片费	560.00	理疗费	
化验费	37.50		
超声波		自 费	
CT			
合 计	陆仟壹佰陆拾柒元伍角零分		

20××年01月15日

收款人：

收款单位章（未盖章无效）

②收执方付款凭证

28. 1月18日，杨晓莉购专业书籍发给职工作培训用，开具现金支票支付，填写时将3 427.10误填为5 427.10，多余金额退回备用。

湖南省长沙市新华书店销售发票　国税

发　票　联　No. 0049727

20××年01月18日　客户：

类别	单位	数量	万	千	百	十	元	角	分
一、哲学、社会科学		120		3	4	2	7	1	0
二、文化、教育									
三、文学、艺术									
四、自然科学、技术									
五、少儿读物									
六、教材									
七、课本									
八、音像									
九、图片									
十、其他									
总计		120	¥	3	4	2	7	1	0
折扣									
实价									
合计金额（大写）	⊗万叁仟肆佰贰拾柒元壹角零分								

开票人　收款人　销售单位章（未盖章无效）

②付款人报销凭证

No. 009151

中国工商银行
现金支票存根（湘）

科　目＿＿＿＿

对方科目＿＿＿＿

出票日期　年　月　日

收款人：	
金　额：	
用　途：	

单位主管　会计

中国工商银行**现金支票**（湘）长沙　No. 009151

本支票付款期限十天

出票日期（大写）　年　月　日　付款行名称：

收款人：　出票人账号：

人民币（大写）	千	百	十	万	千	百	十	元	角	分

用途＿＿＿＿

上列款项请从

我账户内支付

出票人签章

科目（借）……

对方科目（贷）……

付讫日期　年　月　日

出纳　复核　记账

贴对号单处　No. 009151

29. 1月19日，采购员贾平报账，归还借支差额(省外补贴每天30元)，以现金支票支付。

差旅费报销单

单位名称：　　　　　　　　填报日期：20××年01月15日

姓名	贾平		职级	干部		出差事由	购货		出差时间	计划7天 / 实际7天	备注
日期		起讫地点		飞机、车、船费		其他费用					
月	日	起	讫	类别	金额	项目		标准	计算天数（基数）	核报金额	注
1	8	长沙	上海	飞机	930.00	住宿费	包干报销				
1	15	上海	长沙	飞机	930.00	住宿费	限额报销		7	840.00	
						伙食补助费					
						市内交通费				26.50	
						补助费					
						其他杂支				129.60	
小计						小计					
总计金额（大写）	仟　佰　拾　元　角　分					预支______ 核销______ 退补______					

主管　　　　　　　部门　　　　　　　审核　　　　　　　填报人

No. 005517

中国工商银行(湘)
现金支票存根

科　　目__________

对方科目__________

出票日期　年　月　日

收款人：	
金　额：	
用　途：	

单位主管　　　会计

中国工商银行**现金支票**(湘)长沙　No. 005517

本支票付款期限十天

出票日期(大写)　　　年　　月　　日　　　付款行名称：

收款人：　　　　　　　　　　　　　　　　出票人账号：

人民币（大写）	千	百	十	万	千	百	十	元	角	分

用途__________

上列款项请从
我账户内支付
出票人签章

科目(借)..........

对方科目(贷)..........

付讫日期　年　月　日

出纳　　复核　　记账

贴对号单处　　No. 005517

30. 1月19日，杨桂枝还借支。

收 款 收 据 No. 0091701

20××年01月19日

今 收 到	
杨桂枝 交来 欠款 款项	
人民币(大写)伍仟元整 此据	
¥5 000.00	
备 注	现金收讫

第三联：记账

主管： 会计： 出纳：王成良 制单：王 群

31. 1月20日，编制本月工资汇总表，计提职工工资。

三湘商贸有限责任公司在职人员工资汇总表

20××年01月

部 门	岗位工资	技能工资	工龄	误餐	交通	水电	卫生	燃气	其他	应发工资
经理室	315.00	1 173	24	60	17	13		10		1 612.00
办公室	545.00	2 125	61	120	34	26	15	20		2 946.00
财会科	979.00	4 064	94	240	68	52	45	40		5 582.00
综合一科	4 104.04	856.8	0							4 960.84
综合二科	2 215.00	10 108	273							12 596.00
贸易公司	5 478.39	22 573	528	1 380	391	299	150	230	360	31 389.39
临时	2 240.00				17				80	2 337.00
总 计	15 876.43	40 899.8	980	1 800	527	390	210	300	440	61 423.23

部 门	医保金	失业金	养老金	住房金	扣会费	病事假	扣水电	其他扣款	共扣款	实发工资
经理室	32.20	16.10	128.80	81	6.12				264.22	1 347.78
办公室	58.84	29.42	251.36	147	10.74				497.36	2 448.64
财会科	111.48	55.74	445.92	249	20.94				913.08	4 668.92
综合一科	234.10	117.05	952.90	585					1 889.05	3 071.79
综合二科	267.89	128.95	1 054.32	659.1					2 110.26	10 485.74
贸易公司	642.98	321.5	2 578.08	1 603.2	117.77		479.7	80	5 823.23	25 566.16
临时										2 337.00
总 计	1 347.49	668.76	5 411.38	3 354.3	155.57		479.7	80	11 497.20	49 926.03

32. 1月21日，填制现金支票提现，并发放工资。

No. 009152

中国工商银行

现金支票存根(湘)

科　　目＿＿＿＿＿＿

对方科目＿＿＿＿＿＿

出票日期　年　月　日

收款人：
金　额：
用　途：

单位主管　　　会计

本支票付款期限十天

中国工商银行现金支票(湘)长沙　No. 009152

出票日期(大写)　　年　月　日　　付款行名称：

收款人：　　出票人账号：

人民币(大写)	千	百	十	万	千	百	十	元	角	分

用途＿＿＿＿＿＿

上列款项请从

我账户内支付

出票人签章

科目(借)……………

对方科目(贷)……………

付讫日期　年　月　日

出纳　　复核　　记账

贴对号单处　　No. 009152

33. 1月21日，按应发工资计提工会经费、职工教育经费和社会保险费，具体标准如下(自制附件)。

工会经费、职工教育经费和社会保险费计提标准

项　　　目	计提比例
工会经费	2.0%
职工教育经费	1.5%
医疗保险金	11.0%
养老保险金	20.0%
失业保险金	2.0%
生育保险金	0.5%
工伤保险金	1.0%
住房公积金	15.0%

34. 1月21日，贾平报账。填制现金支票支付贾平代垫运杂费。

No. 009152

中国工商银行

现金支票存根(湘)

科　　目＿＿＿＿＿＿

对方科目＿＿＿＿＿＿

出票日期　年　月　日

收款人：
金　额：
用　途：

单位主管　　　会计

本支票付款期限十天

中国工商银行现金支票(湘)长沙　No. 009152

出票日期(大写)　　年　月　日　　付款行名称：

收款人：　　出票人账号：

人民币(大写)	千	百	十	万	千	百	十	元	角	分

用途＿＿＿＿＿＿

上列款项请从

我账户内支付

出票人签章

科目(借)……………

对方科目(贷)……………

付讫日期　年　月　日

出纳　　复核　　记账

贴对号单处　　No. 009152

货　票

计划号码或运输号码　　　　广州铁路(集团)公司　丙联　承运及收款凭证：发站→托运人

发站	广州	到站(局)	长沙	车种车号	P60	货车标重	60	承运人/托运人
经由		货物运到期限	6	施封号码或铁路篷布号码				
运价里程	747/832/402	集装箱箱型		保价金额	3 000			
托运人名称及地址	广州五羊自行车							
收货人名称及地址	长沙恒源批发公司							

货物品名	品名代码	件数	货物重量	计费重量	运价号	运价率
五羊自行车	1599324	2 400	(托)6 000		7	
合计		2 400	6 000	60		
集装箱号码						
记事						

现付费用			
费别	金额	费别	金额
发到运费	576.00	京广分流费	144.70
运行运费	1 958.60	中转作业费	12.00
印花税	1.99		
电货费	39.60		
新路运费	49.30		
基金	1 479.10		
取送车费	54.00		
保价费	90.00		
治安费	15.00		
京广运费	2 203.50		
合计	6 623.79		

制票人：周格新　　复核人：袁　真　　受理人：王国荣　　20××年 01 月 18 日

35. 1 月 21 日，以现金购办公用品一批。

湖南增值税专用发票

4300154130　　　　发　票　联　　　　No. 00885642

开票日期：20××年 01 月 21 日

国税函(2017)662号海南华森实业公司

购买方	名　　称：三湘商贸有限责任公司 纳税人识别号：430104786543898 地 址、电 话：长沙市雨湖区香樟路 186 号 84234516 开户行及账号：市工行香樟路分理处 4300152061054322246					密码区	(略)	
货物或应税劳务、服务名称		规格型号	单位	数量	单价	金额	税率	税额
计算器			台	5	189.00	945.00	3%	28.35
笔记本			本	100	3.948	394.80	3%	11.85
合计						¥1 339.80		¥40.20
价税合计(大写)		⊗壹仟叁佰捌拾元整				(小写)¥1 380.00		
销售方	名　　称：步步康办公用品店 纳税人识别号：430125648954666 地 址、电 话：长沙市岳麓大道 468 号 83215619 开户行及账号：市农行岳麓支行 4396152678978415263					备注		

第三联：发票联　购买方记账凭证

步步康办公用品店　发票专用章　430125648954666

收款人：李春江　　复核：唐根荣　　开票人：张林芳　　销售方：(章)

36. 1 月 21 日，销售部门领用新样品柜 5 张(自制附件)。

37. 1 月 21 日，收到上海水仙洗衣机厂发运的洗衣机。

公司百货批发部

商品入库单②会计

来货单位：上海洗衣机　　　　进仓日期：20××年 01 月 18 日　　　　No. 3

原始发票			货号	品名规格	单位	验收数量												价格			包装规格	合同执行记录	
20××		号码				原运数量	实收数量	单价	金额								进货地批发价	当地批发价	当地零售价		期间	号码
月	日								十	万	千	百	十	元	角	分						
1	19	48977	50-50	上海产水仙洗衣机	台	1 000	1 000	804.7058	8	0	4	7	0	5	8	0						
合计									8	0	4	7	0	5	8	0						
备注																						

财会：　　　　复核：　　　　保管员：

38. 1 月 21 日，开具现金支票提现 8 000 元备用。

No. 009153

中国工商银行

现金支票存根（湘）

科　　目________

对方科目________

出票日期　年　月　日

收款人：
金　额：
用　途：

单位主管　　　会计

中国工商银行现金支票（湘）长沙　No. 009153

本支票付款期限十天

出票日期(大写)　　　年　　月　　日　　　付款行名称：

收款人：　　　　　　　　　　　　　　　　出票人账号：

人民币(大写)	千	百	十	万	千	百	十	元	角	分

用途________

上列款项请从
我账户内支付

出票人签章

科目(借)________

对方科目(贷)________

付讫日期　年　月　日

出纳　　复核　　记账

贴对号单处　　No. 009153

39. 1 月 21 日，司机王浩报购汽油费，以现金支付。(货车)

湖南省商业零售统一发票(卷票)

发票联

发票代码　143000720131

发票号码　00619741

机打号码　09789708

机器编号　018210047911

收款单位　长沙市三林加油有限公司

税务登记号　430104786543898

开票日期　20××年 01 月 21 日

付款单位(个人)　三湘商贸有限责任公司

项目	单价	数量	金额
93 号汽油	5.24	23	120.50

小写合计　120.50 元

大写合计　壹佰贰拾元伍角整

税控码

税控装置打印发票　手开无效

40. 1月22日，收到发票，承付上海冰箱厂部分货款，余额暂欠，货已于1月4日收到。

中国建设银行电汇凭证 （回 单） 1

委托日期：20××年01月22日　　　　第　　号

汇款人	全称	三湘商贸有限责任公司		收款人	全称	上海冰箱厂	
	账号或住址	4300152061054322246			账号或住址	03050786534	
	汇出地点	湖南省长沙市/县	汇出行名称：工行香樟路分理处		汇入地点	上海 市/县	汇入行名称：工商行黄浦分行
金额	人民币（大写）	⊗仟叁佰捌拾万元整				千百十万千百十元角分：￥3800000000	
汇款用途：货款				汇出行盖章			
上列款项已根据委托办理，如需有查询，请持此回单来行面洽。				年　月　日			
单位主管　　会计　　出纳　　记账							

此联汇出行给汇款人的回单

上海市增值税专用发票

发　票　联　　　　No. 000298761

校验码：　　　　开票日期：20××年01月20日

购买方	名称：三湘商贸有限责任公司 纳税人识别号：430104786543898 地址、电话：长沙市雨湖区香樟路186号 84234516 开户行及账号：市工行香樟路分理处 4300152061054322246				密码区	（略）	
货物或应税劳务、服务名称	规格型号	单位	数量	单价	金额	税率	税额
BCD-180W 上菱电冰箱		台	1 000	2 360.00	2 360 000.00	17%	401 200.00
BCD-202W 上菱电冰箱		台	1 000	2 440.00	2 440 000.00	17%	414 800.00
合计					￥4 800 000.00		￥816 000.00
价税合计（大写）	⊗仟伍佰陆拾壹万陆仟零佰零拾零元整　（小写）￥5 616 000.00						
销售方	名称：上海冰箱厂 纳税人识别号：020456875463456 地址、电话：上海市淮海路215号 64534816 开户行及账号：市农行淮海路支行 0276859432090909				备注	上海冰箱厂 020456875463456 发票专用章	

收款人：陈凤云　　复核：　　开票人：李亚利　　销售方：（章）

国税函[2017]262号海南华森实业公司

第三联：发票联　购买方记账凭证

41. 1月22日，收到商品验收单，经查该款未付。

公司百货批发部

商品入库单②会计

来货单位：山东济南洗衣机厂　进仓日期：20××年01月22日　　　　No.

原始发票			货号	品名规格	单位	验收数量		单价	金额								价格			包装规格	合同执行记录	
20××		号码				原运数量	实收数量										进货地批发价	当地批发价	当地零售价		期间	号码
月	日								十	万	千	百	十	元	角	分						
1	19	048978	50-4B	山东济南洗衣机厂小鸭洗衣机	台	30	30	2 278		6	8	3	4	0	0	0						
合计									¥	6	8	3	4	0	0	0						
备注																						

财会：　　　　复核：　　　　保管员：杨晓莉

42. 1月22日，将冰箱销售给常德鼎城区百货公司(于1月5日预收一部分款项)。

商品销售清单

规格	品名	单位	数量	单价	税率
BCD-180	上海产上菱冰箱	台	500	2 660.00	17%
双门220	怀化产白云冰箱	台	10	2 500.00	17%
双门185	广州产万宝冰箱	台	100	2 200.00	17%

湖南省增值税专用发票

此联不作报销、扣税凭证使用　　　　No. 00056806

国税函(2017)253号海南华森实业公司

校验码：　　　　开票日期：　年　月　日

购买方	名称： 纳税人识别号： 地址、电话： 开户行及账号：					密码区	(略)	
货物或应税劳务、服务名称	规格型号	单位	数量	单价	金额		税率	税额
合计								
价税合计(大写)	仟 佰 拾 万 仟 佰 拾 元 角 分						(小写)	
销售方	名称： 纳税人识别号： 地址、电话： 开户行及账号：					备注		

第一联：记账联　销售方记账凭证

收款人：　　　　复核：　　　　开票人：　　　　销售方：(章)

43. 1月22日，收到湖南省一佳商业投资有限公司的收账通知。

银行　进账单　3

（回单或收账通知）

20××年01月22日

收款人	全　称	三湘商贸有限责任公司										
	账　号	4300152061054322246										
	开户银行	工行五一路分理处										
人民币		千	百	十	万	千	百	十	元	角	分	
		￥	1	0	0	0	0	0	0	0	0	
付款人	全　称	湖南省一佳商业投资有限公司										
	账　号	42501734988091001										
	开户银行	中行华厦分理处										
款项来源		购货										

44. 1月22日，销售商品给湖南省一佳商业投资有限公司，余款开出转账支票退回。上海产上菱冰箱BCD-202W 250台，单价为2 740元，增值税税率为17%。

湖南省增值税专用发票

此联不作报销、扣税凭证使用　　No. 00056807

校验码：　　　　开票日期：　　年　　月　　日

购买方	名　　称： 纳税人识别号： 地 址、电 话： 开户行及账号：				密码区	（略）	
货物或应税劳务、服务名称	规格型号	单位	数量	单价	金　额	税率	税　额
合　计							
价税合计（大写）	仟　佰　拾　万　仟　佰　拾　元　角　分　　（小写）						
销售方	名　　称： 纳税人识别号： 地 址、电 话： 开户行及账号：				备注		

收款人：　　　复核：　　　开票人：　　　销售方：（章）

国税函（2017）253号海南华森实业公司

第一联：记账联　销售方记账凭证

No. 0022427

中国工商银行
转账支票存根（湘）

科　　目____________

对方科目____________

出票日期　年　月　日

收款人：
金　额：
用　途：

单位主管　　　　会计

中国工商银行**转账支票**（湘）长沙　No. 0022427

出票日期（大写）　　年　　月　　日　　付款行名称：

本支票付款期限十天

收款人：　　　　　　　　　　　　　　出票人账号：

人民币（大写）	千	百	十	万	千	百	十	元	角	分

用途____________　　　　科目（借）____________

上列款项请从　　　　　　对方科目（贷）____________

我账户内支付　　　　　　付讫日期　　年　月　日

出票人签章　　　　　　　复核　　记账

45. 1月22日，支付运费。收款单位：湖南省华润国际货运有限公司；开户行：中行五一路分理处；账号：0800823280965764。

No. 022428

中国工商银行
转账支票存根（湘）

科　　目____________

对方科目____________

出票日期　年　月　日

收款人：
金　额：
用　途：

单位主管　　　　会计

中国工商银行**转账支票**（湘）长沙　No. 022428

出票日期（大写）　　年　　月　　日　　付款行名称：

本支票付款期限十天

收款人：　　　　　　　　　　　　　　出票人账号：

人民币（大写）	千	百	十	万	千	百	十	元	角	分

用途____________　　　　科目（借）____________

上列款项请从　　　　　　对方科目（贷）____________

我账户内支付　　　　　　付讫日期　　年　月　日

出票人签章　　　　　　　复核　　记账

湖南省全国联运行业货运统一发票

国税

发　票　联　(20)

AC010214-20623　　No. 0052034

联运公司地址：　　电话：　　开单日期：20××年 01 月 18 日

付款单位	三湘商贸有限责任公司				垫付费用		联运费用	
地址	香樟路 168 号				项目	金额	项目	金额
电话	4487435	委托书编号			铁路运杂费	15 800.00	提送货费	
					公路运杂费		装卸费	
收货单位					水路运杂费		装掏箱费	
					中转运杂费		仓储费	
发站(港)	长沙	到站(港)五一路	经由	中转	保险费		包装整理费	
					吊车费		业务费	
货物名称	件数	计费重量			邮寄费		票签费	
电视机		120T						
					小计			
					全程包干费		包干费	
合计金额(大写)	⊗拾壹万伍仟捌佰零拾零元零角零分						(小写)¥15 800.00	

说明：1. 本票仅限联运行业货物联运业务收费使用。
　　　2. 本票使用至20××年年底，过期作废。

发票专用章(未盖章无效)：　　开单：　　复核人(章)：　　收款：

第一联　发票联　付款方记账凭证

湖南省全国联运行业货运统一发票

国税

抵　扣　联　(20)

AC010214-20623　　No. 0052034

联运公司地址：　　电话：　　开单日期：20××年 01 月 18 日

付款单位	三湘商贸有限责任公司				垫付费用		联运费用	
地址	香樟路 168 号				项目	金额	项目	金额
电话	4487435	委托书编号			铁路运杂费	15 800.00	提送货费	
					公路运杂费		装卸费	
收货单位					水路运杂费		装掏箱费	
					中转运杂费		仓储费	
发站(港)	长沙	到站(港)五一路	经由	中转	保险费		包装整理费	
					吊车费		业务费	
货物名称	件数	计费重量			邮寄费		票签费	
电视机		120T						
					小计			
					全程包干费		包干费	
合计金额(大写)	⊗拾壹万伍仟捌佰零拾零元零角零分						(小写)¥15 800.00	

说明：1. 本票仅限联运行业货物联运业务收费使用。
　　　2. 本票使用至20××年年底，过期作废。

发票专用章(未盖章无效)：　　开单：　　复核人(章)：　　收款：李　昊

第二联　抵扣联　付款方抵扣凭证

46. 1月23日，山东济南洗衣机厂采购员送来发票，同日开出电汇，汇出款项。

山东省增值税专用发票

发票联

No. 000456788

检验码：　　　　开票日期：20××年01月22日

购买方	名称：三湘商贸有限责任公司 纳税人识别号：430104786543898 地址、电话：长沙市雨湖区香樟路186号 84234516 开户行及账号：市工行香樟路分理处 4300152061054322246						密码区	（略）
货物或应税劳务、服务名称	规格型号	单位	数量	单价	金额	税率	税额	
50—4B 山东济南厂小鸭洗衣机		台	30	2 278.00	68 340.00	17%	11 617.80	
合计					¥68 340.00		¥11 617.80	
价税合计（大写）	⊗拾柒万玖仟玖佰伍拾柒元捌角零分　（小写）¥79 957.80							
销售方	名称：山东济南洗衣机厂 纳税人识别号：0896544398761451679 地址、电话：济南市城南路158号 64323587 开户行及账号：工行城南路办事处 0678594320807074689						备注	山东济南洗衣机厂 0896544398761451679 发票专用章

收款人：陈　楠　　　复核：　　　开票人：李伯春　　　销售方：（章）

国税函〔2017〕262号海南华森实业公司

第三联：发票联　购买方记账凭证

中国工商银行电汇凭证（回　单）　1

委托日期：　年　月　日　　　　第　号

汇款人	全称			收款人	全称		
	账号或住址				账号或住址		
	汇出地点	省　市县	汇出行名称		汇入地点	省　市县	汇入行名称
金额	人民币（大写）					千百十万千百十元角分	
汇款用途：				汇出行盖章			
上列款项已根据委托办理，如需查询，请持此回单来行面洽。							
单位主管　会计　出纳　记账				年　月　日			

此联汇出行给汇款人的回单

47. 1月24日，收到银行已划出款项的水费通知单。

长沙供水有限公司销售发票

发　票　联

发票代码：143010651720

发票号码：00497226

20××年01月24日　　客户：

单位名称		三湘商贸有限责任公司			
地　址		香樟路168号			
开户银行		市工行香樟路分理处 430015250610543222246			
本月表数		26610		册　号	021103
上月表数		26340		编　号	000019558
实际水量		300		水表补充量	0
其　中		单　价	水　量	金　额	
生活用水		1.21	2 920	3 533.20	
行政用水					
生产用水					
经营用水					
特种用水					
代收项目	水资源费	0.02	2 920	58.40	
	污水处理费	0.65	2 920	1 898.00	
金额合计		(小写)￥5 489.60		水表口径	50
金额大写		⊗万伍仟肆佰捌拾玖元陆角整			

抄表员：杨　勇　　收费员：费　通

②收执方付款凭证

委托收款凭证(付款通知)　5

委托号码：

发票号码：497226

委托日期20××年01月24日　　付款期限：20××年01月25日

付款人	全　称	三湘商贸有限责任公司	收款人	全　称	长沙供水有限公司
	账　号	430015250610543222246		账　号	1901001009004601945
	开户银行	市工行香樟路分理处		开户银行	五一路支行
委收金额	人民币(大写)	⊗万伍仟肆佰捌拾玖元陆角整	(小写)￥5 489.60		
款项内容	水费	委托收款凭据名称	发票	区本号	000000000000002176

备注：1. 手工填写或与银行对账单不符无效。
2. 收费如有疑问请与长沙供水有限公司各分公司联系

单位主管：　会计：　复核：　记账：　付款人开户行盖章　月　日

48. 1 月 24 日，销售商品给达美批发有限公司，收到现金(开出销售发票)。

商品销售清单

品名	单位	数量	单价(元)	税率(%)
韶峰电视机 34 英寸	台	30	2 500	17
康佳彩电 34 英寸	台	20	2 600	17

收款收据

No. 0091702

20××年　月　日

今　收　到

……………………交来……………………

款项

人民币(大写)……………………

此据

¥……………………

备注	

主管：　　会计：　　出纳：　　制单：段娇娇

第三联：记账联

湖南省增值税专用发票

此联不作报销、扣税凭证使用

No. 00056808

校验码：　　开票日期：　年　月　日

购买方	名称： 纳税人识别号： 地址、电话： 开户行及账号：				密码区	(略)	
货物或应税劳务、服务名称	规格型号	单位	数量	单价	金额	税率	税额
合计							
价税合计(大写)	仟　佰　拾　万　仟　佰　拾　元　角　分				(小写)		
销售方	名称： 纳税人识别号： 地址、电话： 开户行及账号：				备注		

收款人：　　复核：　　开票人：　　销售方：(章)

国税函(2017)253号海南华森实业公司

第一联：记账联　销售方记账凭证

49. 1月24日，将上述现金送存银行。

工商银行长沙分行三联现金缴款单

缴款日期：　年　月　日　　　　对方科目：　　编号：

收款单位	全　称						款项来源												
	账　号		开户银行				交款单位												
金　额	人民币（大写）												十	万	千	百	十	元	角	分
票　面	壹佰元	伍拾元	拾元	伍元	贰元	壹元	伍角	贰角	壹角	分币	合计								
把数（百张）																			
卡数（廿张）																			
零张数												收款：							
合计金额												复核：							

第一联：回单联

50. 1月24日，收到银行存款利息清单。

中国工商银行　存款利息　回单

交易日期 20××年01月21日　机构号 3101　币种 01

账　　号		户　名			
业务种类	存款利息	利　率	0.600‰	收付标志	收
金额（大写）	⊗佰肆拾柒元伍角叁分		(小写)￥47.53		
明细： 计息积数　2 376 463.95　金额 47.53					
起始日期			截止日期		

51. 1月24日，收到银行计息清单（支付上年度贷款利息）。

(1) 长期借款年利率 7.6%（按年计算）。

长沙市工商银行　计收利息清单（支款通知）③

编号：　　　　　　　　　　　　　　　　总字第　　号　　字第　　号

收款户名			收款户名	
账　　号			账　　名	
利息金额人民币(大写)			(小写)￥172 000.00	
贷款种类	普通贷款	利率	月　6.33‰	柜员： 转账日期：
计息起止时间				
计息积数				

电脑打印　手工无效

（2）建行短期借款利息。

中国建设银行湖南省分行营业部
（　　）计付贷款利息清单（支款通知）③

账号：　　　　　　　　　　　　　　　　　　　年　月　日

单位名称		结算户账号	

计息起讫日期	

计息户账号	贷　款　金　额	月利率	利息金额
			￥5 336.00

（3）工商短期借款利息。

长沙市工商银行　计收利息清单（支款通知）③

编号：　　　　　　　　　　　　　　　　总字第　　号　　字第　　号

收款户名			收款户名	公司短期抵押质押贷款利息收入
账　　号			账　　名	
利息金额人民币(大写)			(小写)￥1 734.20	
贷款种类	普通贷款	利率	月　6.67‰	柜员： 转账日期：
计息起止时间				
计息积数				

电脑打印　手工无效

52. 1月24日，收到银行手续费结算清单。

工商银行结算业务手续费结算清单

客户：三湘商贸有限责任公司　20××年01月21日　No. 015807

业务种类	次数	平价	金额
信汇	5	5.00	25.00
支票转账	12	0.50	6.00
电汇	3	15.00	45.00
委托收款	2	4.50	9.00
合计			￥85.00
人民币(大写)⊗佰捌拾伍元整			

53. 1月24日，以现金支付城市卫生费。

收款收据

No. 0051904

20××年01月24日

今收到

三湘商贸有限责任公司　交来　城市卫生费　款项

人民币(大写)叁拾元整　此据

(小写)￥30.00

备注

主管：　会计：　出纳：　制单：胡　静

第三联：记账

54. 1月24日，支付未购合同印花税的罚款，补交公司印花税1 200元，支付罚款1 000元。

中华人民共和国
税收通用缴款书

（20081）湘地电缴 01244151 号

填发日期：20××年　月　日 征收机关：长沙市天心地税局

无银行收讫章无效

缴款单位（人）	代　码	430104786543898	预算科目　款	印花税
	全　称	三湘商贸有限责任公司	项	
	开户银行	香樟路支行	级　次	市级
	账　号	43001525060154322246	收款国库	天心区支库
税款所属时期	20××年至20××年01月31日		税款限缴日期	20××年01月24日

品目名称	课税数量	计税金额或销售收入	税率或单位税额	已缴或扣除额	实缴金额
印花税 罚　款					1 200.00 1 000.00
金额合计	人民币（大写）：⊗万贰仟贰佰元整				（小写）￥2 200.00
缴款单位（人） （盖章） 经办人（章）	税务机关 （盖章） 填票人（章）	上列款项已收妥并划转收款单位账户 国库（银行）盖章　年　月　日			备　注

第一联（收据）国库（经济处）收款盖章后退缴款单位（人）作完税凭证

逾期不缴按税法规定加收滞纳金

55. 1月24日，计提并支付车船税860元，土地使用税4 712.05元，房产税14 022.82元。

中华人民共和国
税收通用缴款书

（20081）湘地电缴 01244152 号

填发日期：20××年01月24日

征收机关：长沙市天心地税局

无银行收讫章无效

缴款单位（人）	代　码	430104786543898	预算科目　款	车船税
	全　称	三湘商贸有限责任公司	项	
	开户银行	香樟路支行	级　次	市级
	账　号	43001520610543222246	收款国库	天心区支库
税款所属时期	20××年01月01日至01月31日		税款限缴日期	20××年01月24日

品目名称	课税数量	计税金额或销售收入	税率或单位税额	已缴或扣除额	实缴金额
车船税					860.00
金额合计	人民币（大写）：⊗仟捌佰陆拾元整				（小写）￥860.00
缴款单位（人） （盖章） 经办人（章）	税务机关 （盖章） 填票人（章）	上列款项已收妥并划转收款单位账户 国库（银行）盖章　年　月　日			备　注

第一联（收据）国库（经济处）收款盖章后退缴款单位（人）作完税凭证

逾期不缴按税法规定加收滞纳金

中华人民共和国
税收通用缴款书

（20××）湘地电缴 01244153 号

填发日期：20××年 01 月 24 日

征收机关：长沙市天心地税局

缴款人	税号	43010383761856(16732)	预算科目	编码	1011201
	名称	三湘商贸有限责任公司		名称	国有企业城镇土地使用税
	开户银行	工行香樟路支行		级次	省级 50%　市级 50%
	账号	43001525061054322246	收款国库		天心区支库（二分局 317）

品目名称	课税数量	计税金额或销售收入	税率或单位税额	已缴或扣除额	实缴金额
四等土地	4 832.87		3.9		4 712.05
金额合计	人民币（大写）：⊗万肆仟柒佰壹拾贰元零伍分			（小写）￥4 712.05	
缴款单位（人）（盖章） 经办人（章）	税务机关（盖章） 填票人（章）	上列款项已收妥并划转收款单位账户 国库（银行）盖章　年　月　日		备注 （20××）湘地缴税票：01244154 天心区地税局	

逾期不缴按税法规定加收滞纳金

第一联（收据）国库（经济处）收款盖章后退缴款单位（人）作完税凭证

中华人民共和国
税收通用缴款书

（20××）湘地电缴 01244154 号

填发日期：20××年　月　日 征收机关：长沙市天心地税局

缴款人	税号	43010383761856(16732)	预算科目	编码	1011202
	名称	三湘商贸有限责任公司		名称	房产税
	开户银行	工行香樟路支行		级次	省级 50%　市级 50%
	账号	43001525061054322246	收款国库		天心区支库（二分局 317）

品目名称	课税数量	计税金额或销售收入	税率或单位税额	已缴或扣除额	实缴金额
房产余值		4 674 273.33	1.2%		14 022.82
金额合计	人民币（大写）⊗拾壹万肆仟零贰拾贰元捌角贰分			（小写）￥14 022.82	
缴款单位（人）（盖章） 经办人（章）	税务机关（盖章） 填票人（章）	上列款项已收妥并划转收款单位账户 国库（银行）盖章　年　月　日		备注 （20××）湘地缴税票：01244154 天心区地税局	

逾期不缴按税法规定加收滞纳金

第一联（收据）国库（经济处）收款盖章后退缴款单位（人）作完税凭证

56. 1 月 24 日，达美批发有限公司新购电视机，由于质量原因退回 2 台，今收到仓库填制的入库单，货款以现金支付（用红字填销货发票）。

公司百货批发部

商品入库单②会计

来货单位：　　　　进仓日期：20××年 1 月 23 日　　　　No.

原始发票 20×× 月	日	号码	货号	品名规格	单位	验收数量 原运数量	实收数量	单价	金额 十	万	千	百	十	元	角	分	价格 进货地批发价	当地批发价	当地零售价	包装规格	合同执行记录 期间	号码
				韶峰电视机 34 英寸彩电	台		2	2 100			4	2	0	0	0	0						
合计										¥	4	2	0	0	0	0						
备注	因质量问题销售退回																					

财会：　　　　复核：　　　　保管员：杨晓莉

湖南省增值税专用发票

此联不作报销、扣税凭证使用　　　　No. 00056809

校验码：　　　　开票日期：　年　月　日

购买方	名称： 纳税人识别号： 地址、电话： 开户行及账号：					密码区	（略）
货物或应税劳务、服务名称	规格型号	单位	数量	单价	金额	税率	税额
合计							
价税合计（大写）	仟　佰　拾　万　仟　佰　拾　元　角　分				（小写）		
销售方	名称： 纳税人识别号： 地址、电话： 开户行及账号：					备注	

收款人：　　　　复核：　　　　开票人：　　　　销售方：（章）

国税函〔2017〕253号海南华森实业公司

第一联：记账联　销售方记账凭证

57. 1月24日，支付韶峰电视机维修费。

领 款 凭 证

20××年01月24日　　　　编号 2000016

兹　领　到

三湘商贸有限责任公司　　修理电视机　　款项

人民币(大写)⊗仟壹佰捌拾陆元零角零分

(小写)￥186.00

领款人：胡宏文

附件　张

财务主管：周　民　　出纳：王晓又

58. 1月24日，新建营业楼竣工验收，投入使用。营业楼建造价格1 875 480元(验收清单略)。

59. 1月24日，董事会研究决定同意裕泰公司投资1 200 000元，其中1 000 000元为新增资本，200 000元为多投资部分。

银行　进账单

(回单或收账通知)　3

20××年01月24日

收款人	全　称	三湘商贸有限责任公司									
	账　号	4300152061054322246									
	开户银行	工行五一路分理处									
人民币		千	百	十	万	千	百	十	元	角	分
			1	2	0	0	0	0	0	0	0
付款人	全　称	长沙市裕泰公司									
	账　号	4301467859555999									
	开户银行	市农行长沙大厦分理处									
款项来源		投资									

60. 1月25日，向省五交化公司购入下列物品，省五交化公司规定按“5/10，n/30”给予折扣，货款暂欠。

购入物品清单

型　号	品　名	单位	数量	单　价(元)	税率(%)
BCD-182W	TY-WK42PV3C松下彩电	台	50	7 150.00	17
BCD-190W	广东产一等级容声无霜冰箱	台	10	2 890.00	17
BCD-185W	广东产一等级双鹿冰箱	台	10	2 138.00	17

湖南省增值税专用发票

发　票　联

No. 001256755

检验码：　　　　　　　　　　　　　　开票日期：20××年 01 月 25 日

购买方	名　　称：三湘商贸有限责任公司 纳税人识别号：430104786543898 地 址、电 话：长沙市雨湖区香樟路 186 号 84234516 开户行及账号：市工行香樟路分理处 430015206105432246	密码区	（略）

货物或应税劳务、服务名称	规格型号	单位	数量	单　价	金　额	税率	税　额
TY-WK42PV3C 松下彩电		台	50	7 150.00	357 500.00	17%	60 775.00
BCD—190W 广东产一等级容声无霜冰箱		台	10	2 890.00	28 900.00	17%	4 913.00
BCD—185W 广东产一等级双鹿冰箱		台	10	2 138.00	21 380.00	17%	3 634.60
合　计					¥407 780.00		¥69 322.60
价税合计（大写）	⊗佰肆拾柒万柒仟壹佰零拾贰元陆角零分					（小写）¥477 102.60	

销售方	名　　称：湖南省五交化长沙市公司 纳税人识别号：430111183855597 地 址、电 话：蔡锷南路 302 号 0731-5221231 开户行及账号：市建行蔡锷南路支行 430015250610500000040	备注	湖南省五交化长沙市公司 发票专用章 430111183855597

收款人：肖　霄　　　　复核：　　　　开票人：王　鹏　　　　销售方：（章）

国税函(2017)253号海南华森实业公司

第三联：发票联　购买方记账凭证

三湘商贸有限责任公司

商品入库单②会计

来货单位：　　　　　　进仓日期：20××年 01 月 25 日　　　　　　No.

原始发票 20×× 月	日	号码	货号	品名规格	单位	验收数量 原运数量	实收数量	单价	金额 十	万	千	百	十	元	角	分	价格 进货地批发价	当地批发价	当地零售价	包装规格	合同执行记录 期间	号码
				TY-WK42PV3C 松下彩电	台	50	50	7 150.00	3	5	7	5	0	0	0	0						
				BCD—190W 广东产一等级容声无霜冰箱	台	10	10	2 890.00		2	8	9	0	0	0	0						
				BCD—185W 广东产一等级双鹿冰箱	台	10	10	2 138.00		2	1	3	8	0	0	0						
合　计									4	0	7	7	8	0	0	0						
备　注																						

财会：　　　　　　　复核：　　　　　　　保管员：杨晓莉

61. 1月25日，销售下列商品给邵阳市涟恒公司，公司规定按“5/10，n/30”享受折扣。

商品销售清单

品名	规格	单位	数量	单价(元)	税率(%)
松下彩电	TY-WK42PV3C	台	58	8 600.00	17
广东产一等级容声无霜冰箱	BCD-190W	台	10	3 090.00	17
广东产一等级双鹿冰箱	BCD-185W	台	10	2 338.00	17

湖南省增值税专用发票

此联不作报销、扣税凭证使用

No. 00056810

国税函(2017)253号海南华森实业公司

校验码：　　　　开票日期：　　年　　月　　日

购买方	名　　称： 纳税人识别号： 地 址、电 话： 开户行及账号：				密码区	(略)	
货物或应税劳务、服务名称	规格型号	单位	数量	单价	金　额	税率	税　额
合　计							
价税合计(大写)	仟　佰　拾　万　仟　佰　拾　元　角　分　　(小写)						
销售方	名　　称： 纳税人识别号： 地 址、电 话： 开户行及账号：				备注		

收款人：　　　　复核：　　　　开票人：　　　　销售方：(章)

第一联：记账联　销售方记账凭证

62. 1月26日，收到邵阳市涟恒公司银行汇票。

付款期 一个月

中国工商银行
银行汇票　2

汇票号码 04985
第 102 号

签发日期(大写) 贰零××年零壹月贰拾肆日　　兑付地点：长沙兑付行　　工行行号：395

收款人：三湘商贸有限责任公司		账号或住址：43048869106	
汇款金额	人民币(大写) 柒拾万元整		
实际结算金额	人民币(大写)		千 百 十 万 千 百 十 元 角 分

汇款人：邵阳市涟恒公司　　　　账号或住址：4301469258

签发行：工行　　行　号：324

汇款用途：购货

签发行盖章

多余金额 百 十 万 千 百 十 元 角 分	科目(付)： 对方科目(收)： 兑付日期　　年　月　日 复核　　记账

本汇票和汇款解讫通知一并由汇款人自带。

兑付行兑付汇票后，此联作联行往账付出传票。

付款期 一个月	中国工商银行 银行汇票	（解讫 通知）3	汇票号码 04985 第 102 号

签发日期（大写）	贰零××年零壹月贰拾肆日	兑付地点：长沙兑付行	工行行号：395
收款人：三湘商贸有限责任公司		账号或住址：43048869106	
汇款金额	人民币（大写）	⊗佰柒拾万元整	
实际结算金额	人民币（大写）		千 百 十 万 千 百 十 元 角 分

汇款人：邵阳市涟恒公司　　账号或住址：4301469258

签发行：工行　　行　号：324

汇款用途：购货

签发行盖章

多余金额									科目（付）：
百	十	万	千	百	十	元	角	分	对方科目（收）：
									兑付日期　　年　月　日
									复核　　记账

根据以上销售发票金额填制银行汇票结算金额，并填制进账单，将进账单和银行汇票，解讫通知一起送存银行，根据收到的进账单通知入账。

银行　进账单　3

（回单或收账通知）

20　年　月　日

收款人	全　称										
	账　号										
	开户银行										
人民币		千	百	十	万	千	百	十	元	角	分
付款人	全　称										
	账　号										
	开户银行										
款项来源											

银行　进账单（贷方凭证）2

20　年　月　日

收款人	全　称			
	账　号		开户银行	
人民币（大写）			亿 千 百 十 万 千 百 十 元 角 分	
付款人账号	付款人名称	票据号码	对方科目	
备　注			复核　　记账	

63. 1月27日，开出转账支票承付省五交化公司冰箱账款。

No. 022430

中国工商银行（湘）

转账支票存根

科　　目________

对方科目________

出票日期　年　月　日

收款人：	
金　额：	
用　途：	

单位主管　　　会计

本支票付款期限十天

中国工商银行**转账支票**（湘）长沙 No. 022430

出票日期(大写)　　年　　月　　日　　付款行名称：

收款人：　　出票人账号：

人民币（大写）	千	百	十	万	千	百	十	元	角	分

用途________　　科目(借)________

上列款项请从我账户内支付　　对方科目(贷)________

　　付讫日期　年　月　日

出票人签章　　复核　　记账

64. 对库存商品和周转材料盘点清查。

(1) 1月27日，对库存商品进行盘点发现三洋全自动洗衣机少2台，凤凰自行车多1辆。

库存商品溢(缺)表

20××年01月27日

序号	名　称	规格型号	计量单位	单价	实存		账存		实存与账存对比				备注
									盘盈		盘亏		
					数量	金额	数量	金额	数量	金额	数量	金额	
1	三洋全自动洗衣机	大波轮	台	1 800	118	212 400	120	216 000			2	3 600	
2	凤凰自行车	QE65型	辆	350	126	44 100	125	43 750	1	350			
合　计										350		3 600	

(2) 1月28日，对周转材料——低值易耗品进行清查，发现床铺已坏2张，经批准报废业务，参照本月期初业务资料。

65. 1月28日，东风汽车司机报销费用。

(1) 住宿发票。

湖南省岳阳市住宿专用发票　　地税三

No. 0680381　　**发　票　联**

客户：三湘商贸有限责任公司　地址：长沙市雨湖区香樟路186号

20××年01月25日

客房号	到店		离店		天数	人数	单价(元)	金额(元)						备注
	月	日	月	日				千	百	十	元	角	分	
215	1	23	12	25	3	1	120.00		3	6	0	0	0	
合计金额（大写）⊗仟叁佰陆拾元零角零分								(小写)¥360.00						

收款人单位章(未盖章无效)：　　开票人：何　旻　　收款人：杨　昆

（2）付停车费。

停车费

（手续费）

伍元整

收　据

停车费

（手续费）

伍元整

收　据

停车费

（手续费）

伍元整

收　据

停车费

（手续费）

伍元整

收　据

停车费

（手续费）

伍元整

收　据

停车费

（手续费）

伍元整

收　据

（3）过桥费。

收据联	验票联
湖南省水渡河过桥费票 收 据 联 盖章生效 人民币**柒拾伍**元整 湘财专字(20) 报销凭证 **单位财务专用章(未盖章无效)**	**湖南省水渡河过桥费票** 验 票 联 人民币 75 元整 (20) **一次有效　撕断作废**

收据联	验票联
湖南省水渡河过桥费票 收 据 联 盖章生效 人民币**柒拾伍**元整 湘财专字(20) 报销凭证 **单位财务专用章(未盖章无效)**	**湖南省水渡河过桥费票** 验 票 联 人民币 75 元整 (20) **一次有效　撕断作废**

收据联	验票联
湖南省水渡河过桥费票 收 据 联 盖章生效 人民币**柒拾伍**元整 湘财专字(20) 报销凭证 **单位财务专用章(未盖章无效)**	**湖南省水渡河过桥费票** 验 票 联 人民币 75 元整 (20) **一次有效　撕断作废**

收据联	验票联
湖南省水渡河过桥费票 收 据 联 盖章生效 人民币**柒拾伍**元整 湘财专字(20) 报销凭证 **单位财务专用章(未盖章无效)**	**湖南省水渡河过桥费票** 验 票 联 人民币 75 元整 (20) **一次有效　撕断作废**

收据联	验票联
湖南省水渡河过桥费票 收 据 联 盖章生效 人民币**柒拾伍**元整 湘财专字(20) 报销凭证 **单位财务专用章(未盖章无效)**	**湖南省水渡河过桥费票** 验 票 联 人民币 75 元整 (20) **一次有效　撕断作废**

湖南省水渡河过桥费票	湖南省水渡河过桥费票
收据联	验票联
盖章生效　人民币柒拾伍元整　报销凭证	人民币 75 元整
湘财专字(20)	(20)
单位财务专用章(未盖章无效)	一次有效　撕断作废

(4) 汨罗市弼时加油站收款凭证。

收 款 凭 证

No. 0000276

20××年 01 月 24 日

今　收　到	
三湘商贸有限责任公司　交来　购汽油款 70# 款项	
人民币(大写)⊗万壹仟贰佰元整	
此据　(小写)¥1 200.00	
备　注	

第三联：记账

主管：　会计：　出纳：　制单：

(5) 根据以上附件填制和审核差旅费报销明细表。

差旅费报销明细表

填报日期：20××年 01 月 25 日

姓名	王　浩	职别	司机	出差地点	岳阳	20××年 01 月 23 日至 20××年 01 月 25 日
出差理由	送　货					

日期		起讫地点		车船费				票价补助	交通费		途中补助		住勤费		住宿费		其　他	合 计
月	日	起	讫	汽车	火车	轮船	划驳		日数	金额	日数	金额	日数	金额	日数	金额		
1	23	长沙	岳阳								2	80			3	36	停车费 12	128
1	25	岳阳	长沙								1	40					过桥费 60	100
																	汽油费 1 200	1 200
合　计																		¥1 428
合计人民币(大写)⊗万壹仟肆佰贰拾捌元零角零分　(小写)¥1 428.00																		

主管：　出纳：　审核：

附：① 以上金额填写错误，必须审核更正。② 上述发票有不可报销的发票。

（6）出纳根据差旅费报销明细表开现金支票，王浩到银行取款。

No. 005515

中国工商银行（湘）
现金支票存根

科　　目________

对方科目________

出票日期　年　月　日

收款人：
金　额：
用　途：

单位主管　　会计

中国工商银行**现金支票**（湘）长沙　No. 005515

本支票付款期限十天

出票日期（大写）　　年　月　日　　付款行名称：

收款人：　　出票人账号：

人民币（大写）	千	百	十	万	千	百	十	元	角	分

用途________

上列款项请从

我账户内支付

出票人签章

科目（借）________

对方科目（贷）________

付讫日期　年　月　日

出纳　　复核　　记账

贴对号单处　　No. 005515

66. 1月28日，填制“信汇”归还浙江宁波洗衣机厂购货款，浙江宁波洗衣机厂账号：03586593627845，开户行：工行上岑分行，金额：420 000元。

中国工商银行信汇凭证（回　单）　**1** 湘长　No. 012976

委托日期：　年　月　日

汇款人	全　称		收款人	全　称		
	账　号或住址			账　号或住址		
	汇　出地　点	省　市县　汇出行名　称		汇　入地　点	省　市县　汇入行名　称	
金额	人民币（大写）					千 百 十 万 千 百 十 元 角 分

汇款用途：

上列款项已根据委托办理，如需查询，请持此回单来行面洽。

单位主管　　会计　　复核　　记账

汇出行盖章

年　月　日

此联汇出行给汇款人的回单

67. 1 月 28 日，以现金支付养路费。

湖南省非税收入一般缴款书

（公路养路费、客货运附加费）

车主编号：43010202032095　　　　湘财通字(200　)

执收单位编码：2050203

执收单位名称：长沙市第二交通规划征稽所 20××年 01 月 24 日 10 时 39 分

付款人	全　称	三湘商贸有限责任公司	收款人	全　称	湖南非税收入管理局
	账　号	43001525061054322246		账　号	
	开户银行	长沙市工行香樟路分理处		开户银行	
车牌号码		湘 A3605	厂牌型号		五十铃 TD7721
车辆类别		普通载货汽车	营运线路		
发动机号		748	计费期	养路费	20××年 01 月 24 日至 20××年 02 月 24 日
车架号码		162		货附费	20　日　月　日至　年　月　日

收入项目	编　码	征收标准	征收类别	月　数	金　额	滞纳金	小计金额
养路费	011001	180 元/吨·月	全费车		270.00		270.00
货附费	011108	30 元/吨·月	全费车		45.00		45.00
客附费							
合计金额(大写)	⊗仟叁佰壹拾伍元整			(小写)￥315.00			
缴讫证有效期：从 20××年 01 月 24 日至 20××年 02 月 24 日							
执收单位(盖章)			备注：				

校检码：　　　　经办人：　　　　代缴人：　　　　付款期为 48 小时(节假日顺延)

68. 1 月 28 日，支付上年度报表审计费。

湖南增值税专用发票

3300161140　　　　　　　　　　No. 00102006

发票联

(全国统一发票监制章　长沙　国家税务总局监制)

开票日期：20××年 01 月 24 日

国税函(2017)662号海南华森实业公司

购买方	名　　称：三湘商贸有限责任公司 纳税人识别号：430104786543898 地 址、电 话：长沙市雨湖区香樟路 186 号 84234516 开户行及账号：市工行香樟路分理处 4300152061054322246				密码区	(略)		
货物或应税劳务、服务名称	规格型号	单位	数量	单价	金　额	税率	税　额	
审计费			1	7 766.99	7 766.99	3%	233.01	
合　计					￥7 766.99		￥233.01	
价税合计(大写)	⊗捌仟元整				(小写)￥8 000.00			
销售方	名　　称：公众会计师事务所 纳税人识别号：430568889889898 地 址、电 话：长沙市岳麓大道 569 号 8868559 开户行及账号：市工行岳麓支行 2408673225372156432				备注	(公众会计师事务所　发票专用章　430568889889898)		

收款人：张梅　　　　复核：　　　　开票人：　　　　销售方：(章)

第三联：发票联　购买方记账凭证

No. 022432

中国工商银行
转账支票存根(湘)

科　　目__________

对方科目__________

出票日期　年　月　日

收款人：	
金　额：	
用　途：	

单位主管　　　　会计

中国工商银行**转账支票**(湘)长沙　No. 022432

本支票付款期限十天

出票日期(大写)　　年　　月　　日　　付款行名称：

收款人：　　　　　　　　　　　　　　出票人账号：

人民币（大写）	千	百	十	万	千	百	十	元	角	分

用途__________　　　　科目(借)..................

上列款项请从　　　　　　对方科目(贷)..................

我账户内支付　　　　　　付讫日期　年　月　日

出票人签章　　　　　　　复核　　记账

69. 1月29日，公司开会决定发放春节物资，每人发放500元的购物卡，管理人员9人，其余为业务人员。

70. 1月29日，公司财务部门开具转账支票付讫购物卡款，后勤部门交来购物卡发票。

No. 022431

中国工商银行
转账支票存根(湘)

科　　目__________

对方科目__________

出票日期　年　月　日

收款人：	
金　额：	
用　途：	

单位主管　　　　会计

中国工商银行**转账支票**(湘)长沙　No. 022431

本支票付款期限十天

出票日期(大写)　　年　　月　　日　　付款行名称：

收款人：　　　　　　　　　　　　　　出票人账号：

人民币（大写）	千	百	十	万	千	百	十	元	角	分

用途__________　　　　科目(借)..................

上列款项请从　　　　　　对方科目(贷)..................

我账户内支付　　　　　　付讫日期　年　月　日

出票人签章　　　　　　　复核　　记账

湖南增值税专用发票

4300154130　　　　No. 00552322

发票联

开票日期：20××年01月24日

国税函〔2017〕662号海南华森实业公司

购买方	名　　称：三湘商贸有限责任公司 纳税人识别号：430104786543898 地 址、电 话：长沙市雨湖区香樟路186号 84234516 开户行及账号：市工行香樟路分理处 4300152061054322246				密码区	（略）	
货物或应税劳务、服务名称	规格型号	单位	数量	单价	金　额	税率	税　额
春节物资			38	485.44	18 446.60	3%	553.40
合　　计					￥18 446.60		￥553.40
价税合计（大写）	⊗壹万玖仟元整				（小写）￥19 000.00		
销售方	名　　称：和顺超市 纳税人识别号：25022312589477 地 址、电 话：长沙市岳麓大道719号 83164321 开户行及账号：市工行岳麓支行 2300431113343415179				备注	和顺超市 发票专用章 25022312589477	

收款人：　　　复核：　　　开票人：　　　销售方：（章）

第三联：发票联　购货方记账凭证

71．1月31日，汇总计算当月应交增值税，并填写增值税纳税申报表。

增值税纳税申报表（适用于增值税一般纳税人）

一、根据《中华人民共和国增值税暂行条例》第二十二条和第二十三条的规定制定本表。

二、纳税人不论有无销售额，均应按主管税务机关核定的纳税期限按期填报本表，并于次月一日起十日内，向当地税务机关申报纳税并结清上月应纳税款。

金额单位：元至角分

纳税人识别号：430103167893421		所属行业	6399-其他未列明的批发	企业登记注册类型	其他有限责任公司	
纳税人名称：三湘商贸有限责任公司		法定代表人姓名	刘晴宇	电话号码	2335688	
开户银行：中国工商银行长沙市香樟路支行		账号	19010040083065555586			
注册地址：长沙市香樟路186号			营业地址	长沙市劳动西路99号		
	项目	栏次	一般货物及劳务		即征即退货物及劳务	
			本月数	本年累计数	本月数	本年累计数
销售额	（一）按适用税率征税货物及劳务	1=2+3+4				
	其中：应税货物销售额	2				
	应税劳务销售额	3				
	纳税检查调整的销售额	4				
	（二）按简易征收办法征税货物销售额	5				
	其中：纳税检查调整的销售额	6				
	（三）免、抵、退办法出口货物销售额	7				
	（四）免税货物及劳务销售额	8=9+10				
	其中：免税货物销售额	9				
	免税劳务销售额	10				

（续表）

	项　目	栏　次	一般货物及劳务		即征即退货物及劳务	
			本月数	本年累计数	本月数	本年累计数
税款计算	销项税额	11				
	进项税额	12				
	上期留抵税额	13				
	进项税额转出	14				
	免抵退货已退税额	15				
	按适用税率计算的纳税检查应补缴税额	16				
	应抵扣税额合计	17=12+13-14-15+16				
	实际抵扣税额	18(如 17<11,则为 17,否则为 11)				
	应纳税额	19=11-18				
	期末留抵税额	20=17-18				
	简易征收办法计算的应纳税额	21				
	简易征收办法计算的纳税检查应补缴税额	22				
	应纳税额减征额	23				
	应纳税额合计	24=19+21-23				
税款缴纳	期初未缴税额(多缴为负数)	25				
	实收出口开具专用缴款书退税额	26				
	本期已缴税额	27=28+29+30+31				
	① 分次预缴税额	28				
	② 出口开具专用缴款书预缴税额	29				
	③ 本期缴纳上期应纳税额	30				
	④ 本期缴纳欠缴税额	31				
	期末未缴税额(多缴为负数)	32=24+25+26-27				
	其中：欠缴税额(>0)	33=25+26-27				
	本期应补(应退)税额	34=24-28-29				
	即征即退实际退税额	35				
	期初未缴查补税额	36				
	本期入库查补税额	37				
	期末未缴查补税额	38=16+22+36-37				
授权声明	如果你已委托代理人，请填写下列资料 为代理一切税务事宜，现授权 （地址） 为本纳税人的代理申报人，任何与本申报表有关的往来文件都可寄与此人。 授权人签字：		申报人声明	此纳税申报表是根据《中华人民共和国增值税暂行条例》的规定填报的。 我确信它是真实的、可靠的、完整的。 声明人签字：何日新		

72. 1月3日，开具现金支票提取现金11 400元，每人发放300元的防寒保暖费(发放表自制)。

No. 005516

中国工商银行

现金支票存根(湘)

科　　目____________

对方科目____________

出票日期　年　月　日

<table>
<tr><td>收款人：</td></tr>
<tr><td>金　额：</td></tr>
<tr><td>用　途：</td></tr>
</table>

单位主管　　　　会计

中国工商银行**现金支票**(湘)长沙　No. 005516

本支票付款期限十天

出票日期(大写)　　年　　月　　日　　付款行名称：

收款人：　　　　　　　　　　　　出票人账号：

<table>
<tr><td rowspan="2">人民币
(大写)</td><td>千</td><td>百</td><td>十</td><td>万</td><td>千</td><td>百</td><td>十</td><td>元</td><td>角</td><td>分</td></tr>
<tr><td></td><td></td><td></td><td></td><td></td><td></td><td></td><td></td><td></td><td></td></tr>
</table>

用途____________

上列款项请从
我账户内支付

出票人签章

科目(借)................

对方科目(贷)................

付讫日期　年　月　日

出纳　　复核　　记账

贴对号单处　　No. 005516

73. 1月31日，计提应交城市建设维护税(税率为7%)及教育费附加(教育附加率3%)，并填写下列纳税申报表。

纳 税 申 报 表

纳税人识别号

税务管理代码　　　　　　　填报日期：　　年　　月　　日

<table>
<tr><td>纳税人名称</td><td colspan="3"></td><td colspan="2">税款所属时期</td><td colspan="3"></td></tr>
<tr><td>地　　址</td><td colspan="2"></td><td>开户银行</td><td colspan="2"></td><td>账　号</td><td colspan="2"></td></tr>
<tr><td>税　　种</td><td>应税项目</td><td>计税依据</td><td>减除项目</td><td>税　　率</td><td>应纳税额</td><td>减免税额</td><td>已纳税额</td><td>应补(退)税额</td></tr>
<tr><td></td><td></td><td></td><td></td><td></td><td></td><td></td><td></td><td></td></tr>
<tr><td></td><td></td><td></td><td></td><td></td><td></td><td></td><td></td><td></td></tr>
<tr><td></td><td></td><td></td><td></td><td></td><td></td><td></td><td></td><td></td></tr>
<tr><td>合　　计</td><td colspan="2"></td><td></td><td></td><td></td><td></td><td></td><td></td></tr>
<tr><td colspan="2" rowspan="3">会计主管(签章)</td><td colspan="2" rowspan="3">纳税人章</td><td>代理人名称</td><td></td><td></td><td rowspan="3">代理人
(章)</td><td rowspan="3"></td></tr>
<tr><td>纳税人识别号</td><td></td><td></td></tr>
<tr><td>代理经办人</td><td></td><td></td></tr>
<tr><td colspan="9">以下由税务机关填写</td></tr>
<tr><td>受理申
报日期</td><td colspan="3"></td><td>受理人</td><td colspan="3"></td><td></td></tr>
</table>

注：本表一式三份，纳税人一份，主管税务机关一份，自留一份。

74. 1月31日，上缴社会保险费。

省　金汇缴书

年　月　日　　　　附清册　张

单位名称		□汇缴：　年　月												
公积金账号		□汇缴：　人数　人												
缴交金额（大写）							十	万	千	百	十	元	角	分
上月汇缴		本月增加汇缴		本月减少汇缴		本月汇缴								
人数	金额	人数	金额	人数	金额	人数	金额							
付款行	付款账号	支票号码												
					银行盖章									

第一联 银行盖章后交单位记账

审核　　　　制单

湖南省社会保险基金收款收据

湘财通字（2008）No. 00587888

单位名称：三湘商贸有限责任公司　　　　20××年01月31日

项目	人数	单位缴纳	个人缴纳	滞纳金	金额
	54				29 458.93
人民币（大写）	⊗拾贰万玖仟肆佰伍拾捌元玖角叁分				（小写）￥29 458.93

①收据

财务主管：肖正坤　　　收款人：梁　娃　　　手工填写无效

20××年01月省管参保单位社会保险缴费通知单

到开户银行缴纳			单据号码：A0200803000116362		
统一缴编码	005208	单位名称	三湘商贸有限责任公司(暂自缴)		
单位开户行	市工行香樟路支行	开户户名	三湘商贸有限公司	银行账号	1006140312
征收机构开户行	兴业银行长沙市韶山路支行	开户户名	湖南省社会保险管理服务局	银行账号	368150100100027000

	基本养老保险	失业保险	医疗保险				生育保险	工伤保险
			基本医疗	公务员医疗补助	大病互助	离休干部医疗保障		
各险种单位编码	8509	—	010206	—	010206	B10206	010206	0G0176
本月应缴数据 缴费人数(人) 本月在职	54	—	55	—	—	—	55	52
增加	—	—	—	—	—	—	—	—
减少	—	—	—	—	—	—	—	—
本月离退	—	—	—	—	—	—	—	—
1) 单位缴费基数	74 615.00	—	76 715.08	—	—	—	76 715.08	71 589.00
2) 单位缴费比例(%)	20.00	—	8.00	—	—	—	0.70	0.50
3) 单位缴费额	14 923.00	—	6 137.21	—	—	—	537.01	357.95
4) 人人缴费基数	74 615.00	—	76 715.08	—	—	—	—	—
5) 个人缴费比例(%)	8.00	—	2.00	—	—	—	—	—
6) 个人缴费额	5 969.50	—	1 534.26	—	—	—	—	—
7) 补收(退)金额	—	—	—	—	—	—	—	—
8) 其他应缴额	—	—	—	—	—	—	—	—
9) 抵扣应支付额	—	—	—	—	—	—	—	—
10)本月应缴合计	20 892.50	—	7 671.47	—	—	—	537.01	357.95
11) 本月财政直接支付	—	—	—	—	—	—	—	—
12) 截至上月累计欠缴额	—	—	—	—	—	—	—	—
其中：本年欠缴额	—	—	—	—	—	—	—	—
以前年度欠缴额	—	—	—	—	—	—	—	—
13) 指定预缴额	—	—	—	—	—	—	—	—
14) 滞纳金	—	—	—	—	—	—	—	—
15) 累计应缴基金总额	20 892.50	—	7 671.47	—	—	—	537.01	357.95
累计应缴基金总额大写：贰万玖仟肆佰伍拾捌元玖角叁分						小写：￥29 458.93		

说明：

1. 栏目关系：(3)栏＝(1)×(2)栏；(6)栏为个人缴费额之和
   (10)栏＝(3)栏＋(6)栏＋(7)栏＋(8)栏－(9)栏；如果(10)栏＜0，则为0
   (15)栏＝(10)栏＋(12)栏＋(13)栏＋(14)栏－(11)栏；如果(15)栏＜0，则为0
2. 参保单位到银行缴费时，必须在有关缴费凭证的摘要栏或款项来源栏内填写本单位的统一征缴编码(填写后4位即可)
   漏填或填写模糊不清的将不予登账处理，错填统一片缴编码造成的登账错误由单位负责。
3. 请参保单位务必按本通知单所列示的累计应缴基金总额，于20日前交费款足额缴至省统一片缴机构的开户银行
4. 业务咨询电话：(0731)4511161(业务)
5. 医保备注：无
6. 机关养老备注：无

备注：本单位代停薪留职工人交纳了相关的养老保险和医疗保险。

上表所上缴金额－扣除工资汇总表中所扣在职职工的金额＝代停薪留职工上缴数。

75. 1月31日，上交工会经费。

行政拨交工会经费缴款书

缴款单位
电话　　　　　　　　　　　　　　　　　　缴款日期　　年　月　日　　　　　　　　字第　号

<table>
<tr><td>所属月份</td><td colspan="3"></td><td colspan="4">职工人数</td><td colspan="3"></td><td colspan="3">本月工资总额</td><td colspan="4"></td><td colspan="4">按2%计应拨交经费</td><td colspan="4"></td></tr>
<tr><td colspan="8">收入基层工会　　工会费户</td><td colspan="8">上解上级工会　　工会费户</td><td colspan="9">缴　款　单　位</td></tr>
<tr><td>户　名</td><td colspan="7"></td><td>户　名</td><td colspan="7"></td><td colspan="2">户　名</td><td colspan="7"></td></tr>
<tr><td>账　号</td><td colspan="7"></td><td>账　号</td><td colspan="7"></td><td colspan="2">账　号</td><td colspan="7"></td></tr>
<tr><td>开户行</td><td colspan="7"></td><td>开户行</td><td colspan="7"></td><td colspan="9"></td></tr>
<tr><td>比　例</td><td>万</td><td>千</td><td>百</td><td>十</td><td>元</td><td>角</td><td>分</td><td>比　例</td><td>万</td><td>千</td><td>百</td><td>十</td><td>元</td><td>角</td><td>分</td><td>合计</td><td>十</td><td>万</td><td>千</td><td>百</td><td>十</td><td>元</td><td>角</td><td>分</td></tr>
<tr><td>60%</td><td></td><td></td><td></td><td></td><td></td><td></td><td></td><td>40%</td><td></td><td></td><td></td><td></td><td></td><td></td><td></td><td></td><td></td><td></td><td></td><td></td><td></td><td></td><td></td><td></td></tr>
<tr><td colspan="16">合计金额 人民币(大写)</td><td colspan="9" rowspan="2">上列款项已划转有关工会账户

银行盖章</td></tr>
<tr><td colspan="8">缴款单位盖章：

年　月　日</td><td colspan="8">工会委员盖章：

年　月　日</td></tr>
</table>

第一联　由银行退缴款单位作回单

76. 1月31日，库存商品溢缺原因已查明，处理结果如下：

(1) 经查明三洋全自动洗衣机被盗，经研究决定扣发保管员杨晓莉工资，从下月开始，按洗衣机进价金额的10%扣发，不含增值税，其余由公司负担。

(2) 凤凰自行车系原错发，作公司收益处理。

77. 1月31日，对往来账采用函证法核对后发现：

(1) 应付账款——深圳快乐王子电视机厂已解体，其余款无法偿付，经研究决定予以转销。

(2) 应收账款——湖南省黄河有限公司已破产，其款无法收回，按坏账予以转销。

78. 1月31日，预提本月银行借款利息，长期借款年利息率为8.60%，短期借款利息率为6.63%(自制利息计算表)。

79. 1月31日，计提固定资产折旧。

80. 1月31日，分摊无形资产(自制附件)。

81. 1月31日，按期末应收款项的余额计提坏账准备，计提比率为5%。

82. 1月31日，结转已销商品的成本(加权平均法)。

83. 1月31日，计提存货跌价准备(期末库存商品账面价值总体又跌价20 000元)。

84. 1月31日，计提本月应交所得税，所得税税率为25%。

85. 1月31日，结转各收支账户，计算净利润。

86. 1月31日，按现行《企业会计制度》规定进行利润分配，按将利润的10%提取法定盈余公积，按10%提取任意盈余公积，按净利润的60%分配投资者利润，余下为未分配利润。

第五部分 科目汇总表填制

凭证	号至 号	张
凭证	号至 号	张
凭证	号至 号	张

科目汇总表

年 月 日至 日 第____号

会计科目	本期发生额																							
	借方金额											账页或✓	贷方金额											账页或✓
	亿	千	百	十	万	千	百	十	元	角	分		亿	千	百	十	万	千	百	十	元	角	分	
合计																								

会计主管 记账 审核 制单

凭证	号至 号	张
凭证	号至 号	张
凭证	号至 号	张

科目汇总表

年 月 日至 日　　　　第____号

会计科目	本期发生额																							
	借方金额											账页或✓	贷方金额											账页或✓
	亿	千	百	十	万	千	百	十	元	角	分		亿	千	百	十	万	千	百	十	元	角	分	
合计																								

会计主管　　　　　记账　　　　　审核　　　　　制单

凭证	号至　号	张
凭证	号至　号	张
凭证	号至　号	张

科目汇总表

年　月　日至　日　　　　第____号

<table>
<tr><td rowspan="3">会计科目</td><td colspan="22">本期发生额</td></tr>
<tr><td colspan="10">借方金额</td><td rowspan="2">账页或✓</td><td colspan="10">贷方金额</td><td rowspan="2">账页或✓</td></tr>
<tr><td>亿</td><td>千</td><td>百</td><td>十</td><td>万</td><td>千</td><td>百</td><td>十</td><td>元</td><td>角</td><td>分</td><td>亿</td><td>千</td><td>百</td><td>十</td><td>万</td><td>千</td><td>百</td><td>十</td><td>元</td><td>角</td><td>分</td></tr>
<tr><td>合计</td><td></td><td></td><td></td><td></td><td></td><td></td><td></td><td></td><td></td><td></td><td></td><td></td><td></td><td></td><td></td><td></td><td></td><td></td><td></td><td></td><td></td><td></td><td></td></tr>
</table>

会计主管　　　　　　记账　　　　　　审核　　　　　　制单

凭证	号至 号		张
凭证	号至 号		张
凭证	号至 号		张

科目汇总表

年 月 日至 日 第____号

会计科目	本期发生额																					
	借方金额										账页或✓	贷方金额										账页或✓
	亿	千	百	十	万	千	百	十	元	角	分		亿	千	百	十	万	千	百	十	元	角	分	
合计																						

会计主管 记账 审核 制单

第六部分　总分类账填制

总分类账

总第＿＿＿＿页

分第＿＿＿＿页

会计科目或编号＿＿＿＿＿＿

年		凭证		摘要	借方										✓	贷方										✓	借或贷	余额										✓
月	日	字	号		千	百	十	万	千	百	十	元	角	分		千	百	十	万	千	百	十	元	角	分			千	百	十	万	千	百	十	元	角	分	

总分类账

总第＿＿＿＿＿页

分第＿＿＿＿＿页

会计科目或编号＿＿＿＿＿＿

年		凭证		摘要	借方										✓	贷方										✓	借或贷	余额										✓
月	日	字	号		千	百	十	万	千	百	十	元	角	分		千	百	十	万	千	百	十	元	角	分			千	百	十	万	千	百	十	元	角	分	

总分类账

总第＿＿＿＿＿＿页

分第＿＿＿＿＿＿页

会计科目或编号＿＿＿＿＿＿＿＿

年		凭证		摘要	借方										✓	贷方										✓	借或贷	余额										✓
月	日	字	号		千	百	十	万	千	百	十	元	角	分		千	百	十	万	千	百	十	元	角	分			千	百	十	万	千	百	十	元	角	分	

总 分 类 账

总第＿＿＿＿页

分第＿＿＿＿页

会计科目或编号＿＿＿＿

年		凭证		摘要	借方										✓	贷方										✓	借或贷	余额										✓
月	日	字	号		千	百	十	万	千	百	十	元	角	分		千	百	十	万	千	百	十	元	角	分			千	百	十	万	千	百	十	元	角	分	

总 分 类 账

总第＿＿＿＿＿页

分第＿＿＿＿＿页

会计科目或编号＿＿＿＿＿＿

年		凭证		摘要	借方										✓	贷方										✓	借或贷	余额										✓
月	日	字	号		千	百	十	万	千	百	十	元	角	分		千	百	十	万	千	百	十	元	角	分			千	百	十	万	千	百	十	元	角	分	

总分类账

总第＿＿＿＿＿＿页

分第＿＿＿＿＿＿页

会计科目或编号＿＿＿＿＿＿

年		凭证		摘要	借方										✓	贷方										✓	借或贷	余额										✓
月	日	字	号		千	百	十	万	千	百	十	元	角	分		千	百	十	万	千	百	十	元	角	分			千	百	十	万	千	百	十	元	角	分	

总分类账

总第＿＿＿＿页

分第＿＿＿＿页

会计科目或编号＿＿＿＿＿＿

年		凭证		摘要	借方										✓	贷方										✓	借或贷	余额										✓
月	日	字	号		千	百	十	万	千	百	十	元	角	分		千	百	十	万	千	百	十	元	角	分			千	百	十	万	千	百	十	元	角	分	

总分类账

总第＿＿＿＿页

分第＿＿＿＿页

会计科目或编号＿＿＿＿＿＿

年		凭证		摘要	借方										✓	贷方										✓	借或贷	余额										✓
月	日	字	号		千	百	十	万	千	百	十	元	角	分		千	百	十	万	千	百	十	元	角	分			千	百	十	万	千	百	十	元	角	分	

总 分 类 账

总第＿＿＿＿＿＿页

分第＿＿＿＿＿＿页

会计科目或编号＿＿＿＿＿＿＿

年		凭证		摘要	借方										✓	贷方										✓	借或贷	余额										✓
月	日	字	号		千	百	十	万	千	百	十	元	角	分		千	百	十	万	千	百	十	元	角	分			千	百	十	万	千	百	十	元	角	分	

总 分 类 账

总第＿＿＿＿页

分第＿＿＿＿页

会计科目或编号＿＿＿＿＿＿

年		凭证		摘要	借方										✓	贷方										✓	借或贷	余额										✓
月	日	字	号		千	百	十	万	千	百	十	元	角	分		千	百	十	万	千	百	十	元	角	分			千	百	十	万	千	百	十	元	角	分	

总分类账

总第________页

分第________页

会计科目或编号____________

年		凭证		摘要	借方										✓	贷方										✓	借或贷	余额										✓
月	日	字	号		千	百	十	万	千	百	十	元	角	分		千	百	十	万	千	百	十	元	角	分			千	百	十	万	千	百	十	元	角	分	

总 分 类 账

总第__________页

分第__________页

会计科目或编号__________

年		凭证		摘要	借方										✓	贷方										✓	借或贷	余额										✓
月	日	字	号		千	百	十	万	千	百	十	元	角	分		千	百	十	万	千	百	十	元	角	分			千	百	十	万	千	百	十	元	角	分	

总 分 类 账

总第______页

分第______页

会计科目或编号______

年		凭证		摘要	借方										✓	贷方										✓	借或贷	余额										✓
月	日	字	号		千	百	十	万	千	百	十	元	角	分		千	百	十	万	千	百	十	元	角	分			千	百	十	万	千	百	十	元	角	分	

总分类账

总第＿＿＿＿＿＿页

分第＿＿＿＿＿＿页

会计科目或编号＿＿＿＿＿＿

年		凭证		摘要	借方										✓	贷方										✓	借或贷	余额										✓
月	日	字	号		千	百	十	万	千	百	十	元	角	分		千	百	十	万	千	百	十	元	角	分			千	百	十	万	千	百	十	元	角	分	

总 分 类 账

总第＿＿＿＿＿页

分第＿＿＿＿＿页

会计科目或编号＿＿＿＿＿＿

年		凭证		摘要	借方										√	贷方										√	借或贷	余额										√
月	日	字	号		千	百	十	万	千	百	十	元	角	分		千	百	十	万	千	百	十	元	角	分			千	百	十	万	千	百	十	元	角	分	

总分类账

总第____页

分第____页

会计科目或编号________

年		凭证		摘要	借方										✓	贷方										✓	借或贷	余额										✓
月	日	字	号		千	百	十	万	千	百	十	元	角	分		千	百	十	万	千	百	十	元	角	分			千	百	十	万	千	百	十	元	角	分	

总 分 类 账

总第＿＿＿＿＿页

分第＿＿＿＿＿页

会计科目或编号＿＿＿＿＿＿＿

年		凭证		摘要	借方										√	贷方										√	借或贷	余额										√
月	日	字	号		千	百	十	万	千	百	十	元	角	分		千	百	十	万	千	百	十	元	角	分			千	百	十	万	千	百	十	元	角	分	

总分类账

总第______页

分第______页

会计科目或编号________

年		凭证		摘要	借方										✓	贷方										✓	借或贷	余额										✓
月	日	字	号		千	百	十	万	千	百	十	元	角	分		千	百	十	万	千	百	十	元	角	分			千	百	十	万	千	百	十	元	角	分	

总分类账

总第＿＿＿＿＿＿页

分第＿＿＿＿＿＿页

会计科目或编号＿＿＿＿＿＿＿＿

年		凭证		摘要	借方										✓	贷方										✓	借或贷	余额										✓
月	日	字	号		千	百	十	万	千	百	十	元	角	分		千	百	十	万	千	百	十	元	角	分			千	百	十	万	千	百	十	元	角	分	

总分类账

总第______页

分第______页

会计科目或编号________

年		凭证		摘要	借方										✓	贷方										✓	借或贷	余额										✓
月	日	字	号		千	百	十	万	千	百	十	元	角	分		千	百	十	万	千	百	十	元	角	分			千	百	十	万	千	百	十	元	角	分	

总分类账

总第＿＿＿＿＿页

分第＿＿＿＿＿页

会计科目或编号＿＿＿＿＿＿

年		凭证		摘要	借方										✓	贷方										✓	借或贷	余额										✓
月	日	字	号		千	百	十	万	千	百	十	元	角	分		千	百	十	万	千	百	十	元	角	分			千	百	十	万	千	百	十	元	角	分	

总分类账

总第＿＿＿＿页

分第＿＿＿＿页

会计科目或编号＿＿＿＿＿＿

年		凭证		摘要	借方										✓	贷方										✓	借或贷	余额										✓
月	日	字	号		千	百	十	万	千	百	十	元	角	分		千	百	十	万	千	百	十	元	角	分			千	百	十	万	千	百	十	元	角	分	

总分类账

总第______页

分第______页

会计科目或编号______

年		凭证		摘要	借方										✓	贷方										✓	借或贷	余额										✓
月	日	字	号		千	百	十	万	千	百	十	元	角	分		千	百	十	万	千	百	十	元	角	分			千	百	十	万	千	百	十	元	角	分	

总分类账

总第＿＿＿＿页

分第＿＿＿＿页

会计科目或编号＿＿＿＿＿＿

年		凭证		摘要	借方										✓	贷方										✓	借或贷	余额										✓
月	日	字	号		千	百	十	万	千	百	十	元	角	分		千	百	十	万	千	百	十	元	角	分			千	百	十	万	千	百	十	元	角	分	

总 分 类 账

总第________页

分第________页

会计科目或编号____________

年		凭证		摘要	借方										✓	贷方										✓	借或贷	余额										✓
月	日	字	号		千	百	十	万	千	百	十	元	角	分		千	百	十	万	千	百	十	元	角	分			千	百	十	万	千	百	十	元	角	分	

总分类账

总第______页

分第______页

会计科目或编号______

年		凭证		摘要	借方										✓	贷方										✓	借或贷	余额										✓
月	日	字	号		千	百	十	万	千	百	十	元	角	分		千	百	十	万	千	百	十	元	角	分			千	百	十	万	千	百	十	元	角	分	

总分类账

总第______页

分第______页

会计科目或编号______

年		凭证		摘要	借方										✓	贷方										✓	借或贷	余额										✓
月	日	字	号		千	百	十	万	千	百	十	元	角	分		千	百	十	万	千	百	十	元	角	分			千	百	十	万	千	百	十	元	角	分	

总分类账

总第________页

分第________页

会计科目或编号____________

年		凭证		摘要	借方										✓	贷方										✓	借或贷	余额										✓
月	日	字	号		千	百	十	万	千	百	十	元	角	分		千	百	十	万	千	百	十	元	角	分			千	百	十	万	千	百	十	元	角	分	

总分类账

总第＿＿＿＿页

分第＿＿＿＿页

会计科目或编号＿＿＿＿＿＿

年		凭证		摘要	借方										✓	贷方										✓	借或贷	余额										✓
月	日	字	号		千	百	十	万	千	百	十	元	角	分		千	百	十	万	千	百	十	元	角	分			千	百	十	万	千	百	十	元	角	分	

总分类账

总第＿＿＿＿＿＿页

分第＿＿＿＿＿＿页

会计科目或编号＿＿＿＿＿＿＿＿

年		凭证		摘要	借方										✓	贷方										✓	借或贷	余额										✓
月	日	字	号		千	百	十	万	千	百	十	元	角	分		千	百	十	万	千	百	十	元	角	分			千	百	十	万	千	百	十	元	角	分	

总分类账

总第______页

分第______页

会计科目或编号________

年		凭证		摘要	借方										✓	贷方										✓	借或贷	余额										✓
月	日	字	号		千	百	十	万	千	百	十	元	角	分		千	百	十	万	千	百	十	元	角	分			千	百	十	万	千	百	十	元	角	分	

总分类账

总第＿＿＿＿＿＿页

分第＿＿＿＿＿＿页

会计科目或编号＿＿＿＿＿＿＿＿

年		凭证		摘要	借方										✓	贷方										✓	借或贷	余额										✓
月	日	字	号		千	百	十	万	千	百	十	元	角	分		千	百	十	万	千	百	十	元	角	分			千	百	十	万	千	百	十	元	角	分	

总分类账

总第________页

分第________页

会计科目或编号________

年		凭证		摘要	借方										✓	贷方										✓	借或贷	余额										✓
月	日	字	号		千	百	十	万	千	百	十	元	角	分		千	百	十	万	千	百	十	元	角	分			千	百	十	万	千	百	十	元	角	分	

总 分 类 账

总第__________页

分第__________页

会计科目或编号______________

年		凭证		摘要	借方										✓	贷方										✓	借或贷	余额										✓
月	日	字	号		千	百	十	万	千	百	十	元	角	分		千	百	十	万	千	百	十	元	角	分			千	百	十	万	千	百	十	元	角	分	

总分类账

总第______页

分第______页

会计科目或编号________

年		凭证		摘要	借方										✓	贷方										✓	借或贷	余额										✓
月	日	字	号		千	百	十	万	千	百	十	元	角	分		千	百	十	万	千	百	十	元	角	分			千	百	十	万	千	百	十	元	角	分	

总分类账

总第＿＿＿＿＿＿页

分第＿＿＿＿＿＿页

会计科目或编号＿＿＿＿＿＿

年		凭证		摘要	借方										✓	贷方										✓	借或贷	余额										✓
月	日	字	号		千	百	十	万	千	百	十	元	角	分		千	百	十	万	千	百	十	元	角	分			千	百	十	万	千	百	十	元	角	分	

总分类账

总第______页

分第______页

会计科目或编号________

年		凭证		摘要	借方										✓	贷方										✓	借或贷	余额										✓
月	日	字	号		千	百	十	万	千	百	十	元	角	分		千	百	十	万	千	百	十	元	角	分			千	百	十	万	千	百	十	元	角	分	

总 分 类 账

总第__________页

分第__________页

会计科目或编号______________

年		凭证		摘要	借方										✓	贷方										✓	借或贷	余额										✓
月	日	字	号		千	百	十	万	千	百	十	元	角	分		千	百	十	万	千	百	十	元	角	分			千	百	十	万	千	百	十	元	角	分	

总分类账

总第＿＿＿＿页

分第＿＿＿＿页

会计科目或编号＿＿＿＿＿＿

年		凭证		摘要	借方										✓	贷方										✓	借或贷	余额										✓
月	日	字	号		千	百	十	万	千	百	十	元	角	分		千	百	十	万	千	百	十	元	角	分			千	百	十	万	千	百	十	元	角	分	

总分类账

总第＿＿＿＿＿页

分第＿＿＿＿＿页

会计科目或编号＿＿＿＿＿＿

年		凭证		摘要	借方										✓	贷方										✓	借或贷	余额										✓
月	日	字	号		千	百	十	万	千	百	十	元	角	分		千	百	十	万	千	百	十	元	角	分			千	百	十	万	千	百	十	元	角	分	

总分类账

总第＿＿＿＿＿＿页

分第＿＿＿＿＿＿页

会计科目或编号＿＿＿＿＿＿＿＿

年		凭证		摘要	借方										✓	贷方										✓	借或贷	余额										✓
月	日	字	号		千	百	十	万	千	百	十	元	角	分		千	百	十	万	千	百	十	元	角	分			千	百	十	万	千	百	十	元	角	分	

总分类账

总第__________页

分第__________页

会计科目或编号__________

年		凭证		摘要	借方										✓	贷方										✓	借或贷	余额										✓
月	日	字	号		千	百	十	万	千	百	十	元	角	分		千	百	十	万	千	百	十	元	角	分			千	百	十	万	千	百	十	元	角	分	

总 分 类 账

总第＿＿＿＿＿页

分第＿＿＿＿＿页

会计科目或编号＿＿＿＿＿＿

年		凭证		摘要	借方										✓	贷方										✓	借或贷	余额										✓
月	日	字	号		千	百	十	万	千	百	十	元	角	分		千	百	十	万	千	百	十	元	角	分			千	百	十	万	千	百	十	元	角	分	

总分类账

总第＿＿＿＿页

分第＿＿＿＿页

会计科目或编号＿＿＿＿＿＿

年		凭证		摘要	借方										✓	贷方										✓	借或贷	余额										✓
月	日	字	号		千	百	十	万	千	百	十	元	角	分		千	百	十	万	千	百	十	元	角	分			千	百	十	万	千	百	十	元	角	分	

总分类账

总第________页

分第________页

会计科目或编号____________

年		凭证		摘要	借方										✓	贷方										✓	借或贷	余额										✓
月	日	字	号		千	百	十	万	千	百	十	元	角	分		千	百	十	万	千	百	十	元	角	分			千	百	十	万	千	百	十	元	角	分	

总分类账

总第＿＿＿＿＿页

分第＿＿＿＿＿页

会计科目或编号＿＿＿＿＿＿

年		凭证		摘要	借方										✓	贷方										✓	借或贷	余额										✓
月	日	字	号		千	百	十	万	千	百	十	元	角	分		千	百	十	万	千	百	十	元	角	分			千	百	十	万	千	百	十	元	角	分	

总 分 类 账

总第＿＿＿＿＿＿页

分第＿＿＿＿＿＿页

会计科目或编号＿＿＿＿＿＿＿＿

年		凭证		摘要	借方										✓	贷方										✓	借或贷	余额										✓
月	日	字	号		千	百	十	万	千	百	十	元	角	分		千	百	十	万	千	百	十	元	角	分			千	百	十	万	千	百	十	元	角	分	

总 分 类 账

总第＿＿＿＿＿页

分第＿＿＿＿＿页

会计科目或编号＿＿＿＿＿＿

年		凭证		摘要	借方										✓	贷方										✓	借或贷	余额										✓
月	日	字	号		千	百	十	万	千	百	十	元	角	分		千	百	十	万	千	百	十	元	角	分			千	百	十	万	千	百	十	元	角	分	

总分类账

总第＿＿＿＿＿＿页

分第＿＿＿＿＿＿页

会计科目或编号＿＿＿＿＿＿

年		凭证		摘要	借方										✓	贷方										✓	借或贷	余额										✓
月	日	字	号		千	百	十	万	千	百	十	元	角	分		千	百	十	万	千	百	十	元	角	分			千	百	十	万	千	百	十	元	角	分	

总分类账

总第________页

分第________页

会计科目或编号____________

年		凭证		摘要	借方										✓	贷方										✓	借或贷	余额										✓
月	日	字	号		千	百	十	万	千	百	十	元	角	分		千	百	十	万	千	百	十	元	角	分			千	百	十	万	千	百	十	元	角	分	

总分类账

总第＿＿＿＿＿＿页

分第＿＿＿＿＿＿页

会计科目或编号＿＿＿＿＿＿＿＿

年		凭证		摘要	借方										✓	贷方										✓	借或贷	余额										✓
月	日	字	号		千	百	十	万	千	百	十	元	角	分		千	百	十	万	千	百	十	元	角	分			千	百	十	万	千	百	十	元	角	分	

总分类账

总第＿＿＿＿页

分第＿＿＿＿页

会计科目或编号＿＿＿＿＿＿

年		凭证		摘要	借方										✓	贷方										✓	借或贷	余额										✓
月	日	字	号		千	百	十	万	千	百	十	元	角	分		千	百	十	万	千	百	十	元	角	分			千	百	十	万	千	百	十	元	角	分	

第七部分　日记账填制

现金日记账

第________页

年		凭证		对应科目	摘　要	分类账页	借　方								贷　方								余　额								✓
月	日	字	号				十	万	千	百	十	元	角	分	十	万	千	百	十	元	角	分	十	万	千	百	十	元	角	分	

现金日记账

第……页

年		凭证		对应科目	摘要	分类账页	借方								贷方								余额								✓
月	日	字	号				十	万	千	百	十	元	角	分	十	万	千	百	十	元	角	分	十	万	千	百	十	元	角	分	

现金日记账

第　　　页

年		凭证		对应科目	摘要	分类账页	借方								贷方								余额								✓
月	日	字	号				十	万	千	百	十	元	角	分	十	万	千	百	十	元	角	分	十	万	千	百	十	元	角	分	

现金日记账

第……页

年		凭证		对应科目	摘要	分类账页	借方								贷方								余额								✓
月	日	字	号				十	万	千	百	十	元	角	分	十	万	千	百	十	元	角	分	十	万	千	百	十	元	角	分	

银行存款日记账

总第............页

分第............页

年		凭证		银行凭证		摘要	对应科目	借方										✓	贷方										✓	借或贷	余额									
月	日	字	号	名称	号数			千	百	十	万	千	百	十	元	角	分		千	百	十	万	千	百	十	元	角	分			千	百	十	万	千	百	十	元	角	分

银行存款日记账

总第______页

分第______页

年		凭证		银行凭证		摘要	对应科目	借方										✓	贷方										✓	借或贷	余额									
月	日	字	号	名称	号数			千	百	十	万	千	百	十	元	角	分		千	百	十	万	千	百	十	元	角	分			千	百	十	万	千	百	十	元	角	分

银行存款日记账

总第……………页

分第……………页

年		凭证		银行凭证		摘要	对应科目	借方										✓	贷方										✓	借或贷	余额									
月	日	字	号	名称	号数			千	百	十	万	千	百	十	元	角	分		千	百	十	万	千	百	十	元	角	分			千	百	十	万	千	百	十	元	角	分

银行存款日记账

总第……页

分第……页

年		凭证		银行凭证		摘要	对应科目	借方									✓	贷方									✓	借或贷	余额								
月	日	字	号	名称	号数			千	百	十	万	千	百	十	元	角	分		千	百	十	万	千	百	十	元	角	分			千	百	十	万	千	百	十	元	角	分

第八部分　明细分类账填制

明细分类账

连续第______页

会计科目或编号______

子目、户名或编号______

年		凭证		摘要	借方										✓	贷方										✓	借或贷	余额										✓
月	日	字	号		千	百	十	万	千	百	十	元	角	分		千	百	十	万	千	百	十	元	角	分			千	百	十	万	千	百	十	元	角	分	

明细分类账

连续第……………页

会计科目或编号……………

子目、户名或编号……………

年		凭证		摘要	借方										✓	贷方										✓	借或贷	余额										✓
月	日	字	号		千	百	十	万	千	百	十	元	角	分		千	百	十	万	千	百	十	元	角	分			千	百	十	万	千	百	十	元	角	分	

明细分类账

连续第＿＿＿＿页

会计科目或编号＿＿＿＿

子目、户名或编号＿＿＿＿

年		凭证		摘要	借方										✓	贷方										✓	借或贷	余额										✓
月	日	字	号		千	百	十	万	千	百	十	元	角	分		千	百	十	万	千	百	十	元	角	分			千	百	十	万	千	百	十	元	角	分	

明细分类账

连续第…………页

会计科目或编号…………

子目、户名或编号…………

年		凭证		摘要	借方										✓	贷方										✓	借或贷	余额										✓
月	日	字	号		千	百	十	万	千	百	十	元	角	分		千	百	十	万	千	百	十	元	角	分			千	百	十	万	千	百	十	元	角	分	

明细分类账

连续第……………页

会计科目或编号……………

子目、户名或编号……………

年		凭证		摘要	借方										✓	贷方										✓	借或贷	余额										✓
月	日	字	号		千	百	十	万	千	百	十	元	角	分		千	百	十	万	千	百	十	元	角	分			千	百	十	万	千	百	十	元	角	分	

明细分类账

连续第……页

会计科目或编号……

子目、户名或编号……

年		凭证		摘要	借方										✓	贷方										✓	借或贷	余额										✓
月	日	字	号		千	百	十	万	千	百	十	元	角	分		千	百	十	万	千	百	十	元	角	分			千	百	十	万	千	百	十	元	角	分	

明细分类账

连续第……页

会计科目或编号……

子目、户名或编号……

年		凭证		摘要	借方										✓	贷方										✓	借或贷	余额										✓
月	日	字	号		千	百	十	万	千	百	十	元	角	分		千	百	十	万	千	百	十	元	角	分			千	百	十	万	千	百	十	元	角	分	

明细分类账

连续第……页

会计科目或编号……

子目、户名或编号……

年		凭证		摘要	借方										✓	贷方										✓	借或贷	余额										✓
月	日	字	号		千	百	十	万	千	百	十	元	角	分		千	百	十	万	千	百	十	元	角	分			千	百	十	万	千	百	十	元	角	分	

明细分类账

连续第……页

会计科目或编号……

子目、户名或编号……

年		凭证		摘要	借方										✓	贷方										✓	借或贷	余额										✓
月	日	字	号		千	百	十	万	千	百	十	元	角	分		千	百	十	万	千	百	十	元	角	分			千	百	十	万	千	百	十	元	角	分	

明细分类账

连续第..........页

会计科目或编号..........

子目、户名或编号..........

年		凭证		摘要	借方										✓	贷方										✓	借或贷	余额										✓
月	日	字	号		千	百	十	万	千	百	十	元	角	分		千	百	十	万	千	百	十	元	角	分			千	百	十	万	千	百	十	元	角	分	

明细分类账

连续第＿＿＿＿页

会计科目或编号＿＿＿＿

子目、户名或编号＿＿＿＿

年		凭证		摘要	借方										✓	贷方										✓	借或贷	余额										✓
月	日	字	号		千	百	十	万	千	百	十	元	角	分		千	百	十	万	千	百	十	元	角	分			千	百	十	万	千	百	十	元	角	分	

明细分类账

连续第　　　　　　页

会计科目或编号

子目、户名或编号

年		凭证		摘要	借方										✓	贷方										✓	借或贷	余额										✓
月	日	字	号		千	百	十	万	千	百	十	元	角	分		千	百	十	万	千	百	十	元	角	分			千	百	十	万	千	百	十	元	角	分	

明细分类账

连续第……页

会计科目或编号……

子目、户名或编号……

年		凭证		摘要	借方										✓	贷方										✓	借或贷	余额										✓
月	日	字	号		千	百	十	万	千	百	十	元	角	分		千	百	十	万	千	百	十	元	角	分			千	百	十	万	千	百	十	元	角	分	

明细分类账

连续第……页

会计科目或编号……

子目、户名或编号……

年		凭证		摘要	借方										✓	贷方										✓	借或贷	余额										✓
月	日	字	号		千	百	十	万	千	百	十	元	角	分		千	百	十	万	千	百	十	元	角	分			千	百	十	万	千	百	十	元	角	分	

明细分类账

连续第______页

会计科目或编号______

子目、户名或编号______

年		凭证		摘要	借方										✓	贷方										✓	借或贷	余额										✓
月	日	字	号		千	百	十	万	千	百	十	元	角	分		千	百	十	万	千	百	十	元	角	分			千	百	十	万	千	百	十	元	角	分	

明细分类账

连续第……………页

会计科目或编号……………

子目、户名或编号……………

年		凭证		摘要	借方										✓	贷方										✓	借或贷	余额										✓
月	日	字	号		千	百	十	万	千	百	十	元	角	分		千	百	十	万	千	百	十	元	角	分			千	百	十	万	千	百	十	元	角	分	

明细分类账

连续第______页

会计科目或编号______

子目、户名或编号______

年		凭证		摘要	借方										✓	贷方										✓	借或贷	余额										✓
月	日	字	号		千	百	十	万	千	百	十	元	角	分		千	百	十	万	千	百	十	元	角	分			千	百	十	万	千	百	十	元	角	分	

明细分类账

连续第……页

会计科目或编号……

子目、户名或编号……

年		凭证		摘要	借方										✓	贷方										✓	借或贷	余额										✓
月	日	字	号		千	百	十	万	千	百	十	元	角	分		千	百	十	万	千	百	十	元	角	分			千	百	十	万	千	百	十	元	角	分	

明细分类账

连续第……页

会计科目或编号……

子目、户名或编号……

年		凭证		摘要	借方										✓	贷方										✓	借或贷	余额										✓
月	日	字	号		千	百	十	万	千	百	十	元	角	分		千	百	十	万	千	百	十	元	角	分			千	百	十	万	千	百	十	元	角	分	

明细分类账

连续第……页

会计科目或编号……

子目、户名或编号……

年		凭证		摘要	借方										✓	贷方										✓	借或贷	余额										✓
月	日	字	号		千	百	十	万	千	百	十	元	角	分		千	百	十	万	千	百	十	元	角	分			千	百	十	万	千	百	十	元	角	分	

明细分类账

连续第……页

会计科目或编号……

子目、户名或编号……

年		凭证		摘要	借方										✓	贷方										✓	借或贷	余额										✓
月	日	字	号		千	百	十	万	千	百	十	元	角	分		千	百	十	万	千	百	十	元	角	分			千	百	十	万	千	百	十	元	角	分	

明细分类账

连续第______页

会计科目或编号______

子目、户名或编号______

年		凭证		摘要	借方										✓	贷方										✓	借或贷	余额										✓
月	日	字	号		千	百	十	万	千	百	十	元	角	分		千	百	十	万	千	百	十	元	角	分			千	百	十	万	千	百	十	元	角	分	

明细分类账

连续第______页

会计科目或编号______

子目、户名或编号______

年		凭证		摘要	借方										√	贷方										√	借或贷	余额										√
月	日	字	号		千	百	十	万	千	百	十	元	角	分		千	百	十	万	千	百	十	元	角	分			千	百	十	万	千	百	十	元	角	分	

明细分类账

连续第……………页

会计科目或编号……………

子目、户名或编号……………

年		凭证		摘要	借方										✓	贷方										✓	借或贷	余额										✓
月	日	字	号		千	百	十	万	千	百	十	元	角	分		千	百	十	万	千	百	十	元	角	分			千	百	十	万	千	百	十	元	角	分	

明细分类账

连续第……页

会计科目或编号……

子目、户名或编号……

年		凭证		摘要	借方										✓	贷方										✓	借或贷	余额										✓
月	日	字	号		千	百	十	万	千	百	十	元	角	分		千	百	十	万	千	百	十	元	角	分			千	百	十	万	千	百	十	元	角	分	

明细分类账

连续第……页

会计科目或编号……

子目、户名或编号……

年		凭证		摘要	借方										✓	贷方										✓	借或贷	余额										✓
月	日	字	号		千	百	十	万	千	百	十	元	角	分		千	百	十	万	千	百	十	元	角	分			千	百	十	万	千	百	十	元	角	分	

明细分类账

连续第……页

会计科目或编号……

子目、户名或编号……

年		凭证		摘要	借方										✓	贷方										✓	借或贷	余额										✓
月	日	字	号		千	百	十	万	千	百	十	元	角	分		千	百	十	万	千	百	十	元	角	分			千	百	十	万	千	百	十	元	角	分	

明细分类账

连续第……………页

会计科目或编号……………

子目、户名或编号……………

年		凭证		摘要	借方										√	贷方										√	借或贷	余额										√
月	日	字	号		千	百	十	万	千	百	十	元	角	分		千	百	十	万	千	百	十	元	角	分			千	百	十	万	千	百	十	元	角	分	

明细分类账

连续第..........页

会计科目或编号..........

子目、户名或编号..........

年		凭证		摘要	借方										✓	贷方										✓	借或贷	余额										✓
月	日	字	号		千	百	十	万	千	百	十	元	角	分		千	百	十	万	千	百	十	元	角	分			千	百	十	万	千	百	十	元	角	分	

明细分类账

连续第……………页

会计科目或编号……………

子目、户名或编号……………

年		凭证		摘要	借方										√	贷方										√	借或贷	余额										√
月	日	字	号		千	百	十	万	千	百	十	元	角	分		千	百	十	万	千	百	十	元	角	分			千	百	十	万	千	百	十	元	角	分	

明细分类账

连续第……页

会计科目或编号……

子目、户名或编号……

年		凭证		摘要	借方										✓	贷方										✓	借或贷	余额										✓
月	日	字	号		千	百	十	万	千	百	十	元	角	分		千	百	十	万	千	百	十	元	角	分			千	百	十	万	千	百	十	元	角	分	

明细分类账

连续第＿＿＿＿页

会计科目或编号＿＿＿＿

子目、户名或编号＿＿＿＿

年		凭证		摘要	借方										✓	贷方										✓	借或贷	余额										✓
月	日	字	号		千	百	十	万	千	百	十	元	角	分		千	百	十	万	千	百	十	元	角	分			千	百	十	万	千	百	十	元	角	分	

明细分类账

连续第……页

会计科目或编号……

子目、户名或编号……

年		凭证		摘要	借方										✓	贷方										✓	借或贷	余额										✓
月	日	字	号		千	百	十	万	千	百	十	元	角	分		千	百	十	万	千	百	十	元	角	分			千	百	十	万	千	百	十	元	角	分	

明细分类账

连续第……页

会计科目或编号……

子目、户名或编号……

年		凭证		摘要	借方										✓	贷方										✓	借或贷	余额										✓
月	日	字	号		千	百	十	万	千	百	十	元	角	分		千	百	十	万	千	百	十	元	角	分			千	百	十	万	千	百	十	元	角	分	

明细分类账

连续第..........页

会计科目或编号..........

子目、户名或编号..........

年		凭证		摘要	借方										✓	贷方										✓	借或贷	余额										✓
月	日	字	号		千	百	十	万	千	百	十	元	角	分		千	百	十	万	千	百	十	元	角	分			千	百	十	万	千	百	十	元	角	分	

明细分类账

连续第……………页

会计科目或编号……………

子目、户名或编号……………

年		凭证		摘要	借方										✓	贷方										✓	借或贷	余额										✓
月	日	字	号		千	百	十	万	千	百	十	元	角	分		千	百	十	万	千	百	十	元	角	分			千	百	十	万	千	百	十	元	角	分	

明细分类账

连续第……页

会计科目或编号……

子目、户名或编号……

年		凭证		摘要	借方										✓	贷方										✓	借或贷	余额										✓
月	日	字	号		千	百	十	万	千	百	十	元	角	分		千	百	十	万	千	百	十	元	角	分			千	百	十	万	千	百	十	元	角	分	

明细分类账

连续第……………页

会计科目或编号……………

子目、户名或编号……………

年		凭证		摘要	借方										✓	贷方										✓	借或贷	余额										✓
月	日	字	号		千	百	十	万	千	百	十	元	角	分		千	百	十	万	千	百	十	元	角	分			千	百	十	万	千	百	十	元	角	分	

明细分类账

连续第……页

会计科目或编号……

子目、户名或编号……

年		凭证		摘要	借方										✓	贷方										✓	借或贷	余额										✓
月	日	字	号		千	百	十	万	千	百	十	元	角	分		千	百	十	万	千	百	十	元	角	分			千	百	十	万	千	百	十	元	角	分	

明细分类账

连续第______页

会计科目或编号______

子目、户名或编号______

年		凭证		摘要	借方										✓	贷方										✓	借或贷	余额										✓
月	日	字	号		千	百	十	万	千	百	十	元	角	分		千	百	十	万	千	百	十	元	角	分			千	百	十	万	千	百	十	元	角	分	

明细分类账

连续第______页

会计科目或编号______

子目、户名或编号______

年		凭证		摘要	借方										✓	贷方										✓	借或贷	余额										✓
月	日	字	号		千	百	十	万	千	百	十	元	角	分		千	百	十	万	千	百	十	元	角	分			千	百	十	万	千	百	十	元	角	分	

明细分类账

连续第……页

会计科目或编号……

子目、户名或编号……

年		凭证		摘要	借方										✓	贷方										✓	借或贷	余额										✓
月	日	字	号		千	百	十	万	千	百	十	元	角	分		千	百	十	万	千	百	十	元	角	分			千	百	十	万	千	百	十	元	角	分	

明细分类账

连续第……页

会计科目或编号……

子目、户名或编号……

年		凭证		摘要	借方										✓	贷方										✓	借或贷	余额										✓
月	日	字	号		千	百	十	万	千	百	十	元	角	分		千	百	十	万	千	百	十	元	角	分			千	百	十	万	千	百	十	元	角	分	

明细分类账

连续第　　　　页

会计科目或编号

子目、户名或编号

年		凭证		摘要	借方										√	贷方										√	借或贷	余额										√
月	日	字	号		千	百	十	万	千	百	十	元	角	分		千	百	十	万	千	百	十	元	角	分			千	百	十	万	千	百	十	元	角	分	

明细分类账

连续第……………页

会计科目或编号……………

子目、户名或编号……………

年		凭证		摘要	借方										✓	贷方										✓	借或贷	余额										✓
月	日	字	号		千	百	十	万	千	百	十	元	角	分		千	百	十	万	千	百	十	元	角	分			千	百	十	万	千	百	十	元	角	分	

明细分类账

连续第……页

会计科目或编号……

子目、户名或编号……

年		凭证		摘要	借方										✓	贷方										✓	借或贷	余额										✓
月	日	字	号		千	百	十	万	千	百	十	元	角	分		千	百	十	万	千	百	十	元	角	分			千	百	十	万	千	百	十	元	角	分	

明细分类账

连续第……页

会计科目或编号……

子目、户名或编号……

年		凭证		摘要	借方										✓	贷方										✓	借或贷	余额										✓
月	日	字	号		千	百	十	万	千	百	十	元	角	分		千	百	十	万	千	百	十	元	角	分			千	百	十	万	千	百	十	元	角	分	

明细分类账

连续第……页

会计科目或编号……

子目、户名或编号……

年		凭证		摘要	借方										✓	贷方										✓	借或贷	余额										✓
月	日	字	号		千	百	十	万	千	百	十	元	角	分		千	百	十	万	千	百	十	元	角	分			千	百	十	万	千	百	十	元	角	分	

明细分类账

连续第..................页

会计科目或编号..................

子目、户名或编号..................

年		凭证		摘要	借方										✓	贷方										✓	借或贷	余额										✓
月	日	字	号		千	百	十	万	千	百	十	元	角	分		千	百	十	万	千	百	十	元	角	分			千	百	十	万	千	百	十	元	角	分	

明细分类账

连续第……页

会计科目或编号……

子目、户名或编号……

年		凭证		摘要	借方										✓	贷方										✓	借或贷	余额										✓
月	日	字	号		千	百	十	万	千	百	十	元	角	分		千	百	十	万	千	百	十	元	角	分			千	百	十	万	千	百	十	元	角	分	

明细分类账

连续第……页

会计科目或编号……

子目、户名或编号……

年		凭证		摘要	借方										✓	贷方										✓	借或贷	余额										✓
月	日	字	号		千	百	十	万	千	百	十	元	角	分		千	百	十	万	千	百	十	元	角	分			千	百	十	万	千	百	十	元	角	分	

明细分类账

连续第……………页

会计科目或编号……………

子目、户名或编号……………

年		凭证		摘要	借方										✓	贷方										✓	借或贷	余额										✓
月	日	字	号		千	百	十	万	千	百	十	元	角	分		千	百	十	万	千	百	十	元	角	分			千	百	十	万	千	百	十	元	角	分	

明细分类账

连续第……页

会计科目或编号……

子目、户名或编号……

年		凭证		摘要	借方										✓	贷方										✓	借或贷	余额										✓
月	日	字	号		千	百	十	万	千	百	十	元	角	分		千	百	十	万	千	百	十	元	角	分			千	百	十	万	千	百	十	元	角	分	

明细分类账

连续第…………页

会计科目或编号…………

子目、户名或编号…………

年		凭证		摘要	借方										✓	贷方										✓	借或贷	余额										✓
月	日	字	号		千	百	十	万	千	百	十	元	角	分		千	百	十	万	千	百	十	元	角	分			千	百	十	万	千	百	十	元	角	分	

明细分类账

连续第______页

会计科目或编号______

子目、户名或编号______

年		凭证		摘要	借方										✓	贷方										✓	借或贷	余额										✓
月	日	字	号		千	百	十	万	千	百	十	元	角	分		千	百	十	万	千	百	十	元	角	分			千	百	十	万	千	百	十	元	角	分	

明细分类账

连续第　　　　页

会计科目或编号

子目、户名或编号

年		凭证		摘要	借方										✓	贷方										✓	借或贷	余额										✓
月	日	字	号		千	百	十	万	千	百	十	元	角	分		千	百	十	万	千	百	十	元	角	分			千	百	十	万	千	百	十	元	角	分	

明细分类账

连续第……页

会计科目或编号……

子目、户名或编号……

年		凭证		摘要	借方										✓	贷方										✓	借或贷	余额										✓
月	日	字	号		千	百	十	万	千	百	十	元	角	分		千	百	十	万	千	百	十	元	角	分			千	百	十	万	千	百	十	元	角	分	

明细分类账

连续第……页

会计科目或编号……

子目、户名或编号……

年		凭证		摘要	借方										✓	贷方										✓	借或贷	余额										✓
月	日	字	号		千	百	十	万	千	百	十	元	角	分		千	百	十	万	千	百	十	元	角	分			千	百	十	万	千	百	十	元	角	分	

明细分类账

连续第……………页

会计科目或编号……………

子目、户名或编号……………

年		凭证		摘要	借方										✓	贷方										✓	借或贷	余额										✓
月	日	字	号		千	百	十	万	千	百	十	元	角	分		千	百	十	万	千	百	十	元	角	分			千	百	十	万	千	百	十	元	角	分	

明细分类账

连续第……………页

会计科目或编号……………

子目、户名或编号……………

年		凭证		摘要	借方										✓	贷方										✓	借或贷	余额										✓
月	日	字	号		千	百	十	万	千	百	十	元	角	分		千	百	十	万	千	百	十	元	角	分			千	百	十	万	千	百	十	元	角	分	

明细分类账

连续第______页
会计科目或编号______
子目、户名或编号______

年		凭证		摘要	借方										✓	贷方										✓	借或贷	余额										✓
月	日	字	号		千	百	十	万	千	百	十	元	角	分		千	百	十	万	千	百	十	元	角	分			千	百	十	万	千	百	十	元	角	分	

明细分类账

连续第..........页

会计科目或编号..........

子目、户名或编号..........

年		凭证		摘要	借方										✓	贷方										✓	借或贷	余额										✓
月	日	字	号		千	百	十	万	千	百	十	元	角	分		千	百	十	万	千	百	十	元	角	分			千	百	十	万	千	百	十	元	角	分	

明细分类账

连续第…………页

会计科目或编号…………

子目、户名或编号…………

年		凭证		摘要	借方										✓	贷方										✓	借或贷	余额										✓
月	日	字	号		千	百	十	万	千	百	十	元	角	分		千	百	十	万	千	百	十	元	角	分			千	百	十	万	千	百	十	元	角	分	

明细分类账

连续第______页

会计科目或编号______

子目、户名或编号______

年		凭证		摘要	借方										✓	贷方										✓	借或贷	余额										✓
月	日	字	号		千	百	十	万	千	百	十	元	角	分		千	百	十	万	千	百	十	元	角	分			千	百	十	万	千	百	十	元	角	分	

明细分类账

连续第……页

会计科目或编号……

子目、户名或编号……

年		凭证		摘要	借方										✓	贷方										✓	借或贷	余额										✓
月	日	字	号		千	百	十	万	千	百	十	元	角	分		千	百	十	万	千	百	十	元	角	分			千	百	十	万	千	百	十	元	角	分	

明细分类账

连续第……………页

会计科目或编号……………

子目、户名或编号……………

年		凭证		摘要	借方										✓	贷方										✓	借或贷	余额										✓
月	日	字	号		千	百	十	万	千	百	十	元	角	分		千	百	十	万	千	百	十	元	角	分			千	百	十	万	千	百	十	元	角	分	

明细分类账

连续第______页

会计科目或编号______

子目、户名或编号______

年		凭证		摘要	借方										✓	贷方										✓	借或贷	余额										✓
月	日	字	号		千	百	十	万	千	百	十	元	角	分		千	百	十	万	千	百	十	元	角	分			千	百	十	万	千	百	十	元	角	分	

明细分类账

连续第______页

会计科目或编号______

子目、户名或编号______

年		凭证		摘要	借方										✓	贷方										✓	借或贷	余额										✓
月	日	字	号		千	百	十	万	千	百	十	元	角	分		千	百	十	万	千	百	十	元	角	分			千	百	十	万	千	百	十	元	角	分	

明细分类账

连续第……页

会计科目或编号……

子目、户名或编号……

年		凭证		摘要	借方										✓	贷方										✓	借或贷	余额										✓
月	日	字	号		千	百	十	万	千	百	十	元	角	分		千	百	十	万	千	百	十	元	角	分			千	百	十	万	千	百	十	元	角	分	

明细分类账

连续第______页

会计科目或编号______

子目、户名或编号______

年		凭证		摘要	借方										✓	贷方										✓	借或贷	余额										✓
月	日	字	号		千	百	十	万	千	百	十	元	角	分		千	百	十	万	千	百	十	元	角	分			千	百	十	万	千	百	十	元	角	分	

明细分类账

连续第……页

会计科目或编号……

子目、户名或编号……

年		凭证		摘要	借方										✓	贷方										✓	借或贷	余额										✓
月	日	字	号		千	百	十	万	千	百	十	元	角	分		千	百	十	万	千	百	十	元	角	分			千	百	十	万	千	百	十	元	角	分	

月	日	进价	调拨价	批发价	零售价

明细分类账

最高存量	
最低存量	

总第……页

分第……页

编号……

产地…… 单位…… 规格…… 品名……

年		凭证		摘要	借方											贷方											余额										
月	日	字	号		数量	单价	金额									数量	单价	金额									数量	单价	金额								
							百	十	万	千	百	十	元	角	分			百	十	万	千	百	十	元	角	分			百	十	万	千	百	十	元	角	分

月	日	进价	调拨价	批发价	零售价

明细分类账

最高存量	
最低存量	

总第……页

分第……页

编号……

产地…… 单位…… 规格…… 品名……

年		凭证		摘要	借方											贷方											余额											
月	日	字	号		数量	单价	金额									数量	单价	金额									数量	单价	金额									
							百	十	万	千	百	十	元	角	分			百	十	万	千	百	十	元	角	分			百	十	万	千	百	十	元	角	分	

月	日	进价	调拨价	批发价	零售价

明细分类账

最高存量	
最低存量	

总第……页
分第……页
编号……

产地…… 单位…… 规格…… 品名……

年		凭证		摘要	借方											贷方											余额											
月	日	字	号		数量	单价	金额									数量	单价	金额									数量	单价	金额									
							百	十	万	千	百	十	元	角	分			百	十	万	千	百	十	元	角	分			百	十	万	千	百	十	元	角	分	

月	日	进价	调拨价	批发价	零售价

明细分类账

最高存量	
最低存量	

总第……页

分第……页

编号……

产地…… 单位…… 规格…… 品名……

年		凭证		摘要	借方											贷方											余额											
月	日	字	号		数量	单价	金额									数量	单价	金额									数量	单价	金额									
							百	十	万	千	百	十	元	角	分			百	十	万	千	百	十	元	角	分			百	十	万	千	百	十	元	角	分	

月	日	进价	调拨价	批发价	零售价

明细分类账

最高存量	
最低存量	

总第……页

分第……页

编号……

产地…… 单位…… 规格…… 品名……

年		凭证		摘要	借方											贷方											余额										
月	日	字	号		数量	单价	金额									数量	单价	金额									数量	单价	金额								
							百	十	万	千	百	十	元	角	分			百	十	万	千	百	十	元	角	分			百	十	万	千	百	十	元	角	分

月	日	进价	调拨价	批发价	零售价

明细分类账

最高存量	
最低存量	

总第……页

分第……页

编号……

产地…… 单位…… 规格…… 品名……

年		凭证		摘要	借方										贷方										余额										
月	日	字	号		数量	单价	金额								数量	单价	金额								数量	单价	金额								
							百	十	万	千	百	十	元	角			百	十	万	千	百	十	元	角			百	十	万	千	百	十	元	角	

月	日	进价	调拨价	批发价	零售价

明细分类账

最高存量	
最低存量	

总第……页

分第……页

编号……

产地…… 单位…… 规格…… 品名……

年		凭证		摘要	借方											贷方											余额											
月	日	字	号		数量	单价	金额									数量	单价	金额									数量	单价	金额									
							百	十	万	千	百	十	元	角	分			百	十	万	千	百	十	元	角	分			百	十	万	千	百	十	元	角	分	

月	日	进价	调拨价	批发价	零售价

明细分类账

最高存量	
最低存量	

总第……页

分第……页

编号……

产地…… 单位…… 规格…… 品名……

年		凭证		摘要	借方											贷方											余额											
月	日	字	号		数量	单价	金额									数量	单价	金额									数量	单价	金额									
							百	十	万	千	百	十	元	角	分			百	十	万	千	百	十	元	角	分			百	十	万	千	百	十	元	角	分	

月	日	进价	调拨价	批发价	零售价

明细分类账

最高存量	
最低存量	

总第……页

分第……页

编号……

产地…… 单位…… 规格…… 品名……

年		凭证		摘要	借方											贷方											余额											
月	日	字	号		数量	单价	金额									数量	单价	金额									数量	单价	金额									
							百	十	万	千	百	十	元	角	分			百	十	万	千	百	十	元	角	分			百	十	万	千	百	十	元	角	分	

月	日	进价	调拨价	批发价	零售价

明细分类账

最高存量	
最低存量	

总第……页
分第……页
编号……

产地…… 单位…… 规格…… 品名……

年		凭证		摘要	借方											贷方											余额											
月	日	字	号		数量	单价	金额									数量	单价	金额									数量	单价	金额									
							百	十	万	千	百	十	元	角	分			百	十	万	千	百	十	元	角	分			百	十	万	千	百	十	元	角	分	

月	日	进价	调拨价	批发价	零售价

明细分类账

最高存量	
最低存量	

总第……页

分第……页

编号……

产地…… 单位…… 规格…… 品名……

年		凭证		摘要	借方											贷方											余额											
月	日	字	号		数量	单价	金额									数量	单价	金额									数量	单价	金额									
							百	十	万	千	百	十	元	角	分			百	十	万	千	百	十	元	角	分			百	十	万	千	百	十	元	角	分	

月	日	进价	调拨价	批发价	零售价

明细分类账

最高存量	
最低存量	

总第……页

分第……页

编号……

产地…… 单位…… 规格…… 品名……

年		凭证		摘要	借方											贷方											余额											
月	日	字	号		数量	单价	金额									数量	单价	金额									数量	单价	金额									
							百	十	万	千	百	十	元	角	分			百	十	万	千	百	十	元	角	分			百	十	万	千	百	十	元	角	分	

月	日	进价	调拨价	批发价	零售价

明细分类账

最高存量	
最低存量	

总第……页

分第……页

编号……

产地…… 单位…… 规格…… 品名……

年		凭证		摘要	借方											贷方											余额											
月	日	字	号		数量	单价	金额									数量	单价	金额									数量	单价	金额									
							百	十	万	千	百	十	元	角	分			百	十	万	千	百	十	元	角	分			百	十	万	千	百	十	元	角	分	

月	日	进价	调拨价	批发价	零售价

明细分类账

最高存量	
最低存量	

总第……页

分第……页

编号……

产地…… 单位…… 规格…… 品名……

年		凭证		摘要	借方											贷方											余额											
月	日	字	号		数量	单价	金额									数量	单价	金额									数量	单价	金额									
							百	十	万	千	百	十	元	角	分			百	十	万	千	百	十	元	角	分			百	十	万	千	百	十	元	角	分	

月	日	进价	调拨价	批发价	零售价

明细分类账

最高存量	
最低存量	

总第……页

分第……页

编号……

产地…… 单位…… 规格…… 品名……

年		凭证		摘要	借方											贷方											余额											
月	日	字	号		数量	单价	金额									数量	单价	金额									数量	单价	金额									
							百	十	万	千	百	十	元	角	分			百	十	万	千	百	十	元	角	分			百	十	万	千	百	十	元	角	分	

月	日	进价	调拨价	批发价	零售价

明细分类账

最高存量	
最低存量	

总第……页

分第……页

编号……

产地…… 单位…… 规格…… 品名……

年		凭证		摘要	借方											贷方											余额											
月	日	字	号		数量	单价	金额									数量	单价	金额									数量	单价	金额									
							百	十	万	千	百	十	元	角	分			百	十	万	千	百	十	元	角	分			百	十	万	千	百	十	元	角	分	

月	日	进价	调拨价	批发价	零售价

明细分类账

最高存量	
最低存量	

总第……页

分第……页

编号……

产地…… 单位…… 规格…… 品名……

年		凭证		摘要	借方											贷方											余额											
					数量	单价	金额									数量	单价	金额									数量	单价	金额									
月	日	字	号				百	十	万	千	百	十	元	角	分			百	十	万	千	百	十	元	角	分			百	十	万	千	百	十	元	角	分	

明细分类账

月	日	进价	调拨价	批发价	零售价

最高存量	
最低存量	

总第　　　　页

分第　　　　页

编号

产地　　　　单位　　　　规格　　　　品名

年		凭证		摘要	借方											贷方											余额											
月	日	字	号		数量	单价	金额									数量	单价	金额									数量	单价	金额									
							百	十	万	千	百	十	元	角	分			百	十	万	千	百	十	元	角	分			百	十	万	千	百	十	元	角	分	

月	日	进价	调拨价	批发价	零售价

明细分类账

最高存量	
最低存量	

总第……页
分第……页
编号……

产地…… 单位…… 规格…… 品名……

年	凭证			摘要	借方											贷方											余额										
月	日	字	号		数量	单价	金额									数量	单价	金额									数量	单价	金额								
							百	十	万	千	百	十	元	角	分			百	十	万	千	百	十	元	角	分			百	十	万	千	百	十	元	角	分

月	日	进价	调拨价	批发价	零售价

明细分类账

最高存量	
最低存量	

总第……页

分第……页

编号……

产地…… 单位…… 规格…… 品名……

年 月	日	凭证 字	凭证 号	摘要	借方 数量	借方 单价	借方 金额 百	十	万	千	百	十	元	角	分	贷方 数量	贷方 单价	贷方 金额 百	十	万	千	百	十	元	角	分	余额 数量	余额 单价	余额 金额 百	十	万	千	百	十	元	角	分	

月	日	进价	调拨价	批发价	零售价

明细分类账

最高存量	
最低存量	

总第……页

分第……页

编号……

产地…… 单位…… 规格…… 品名……

年		凭证		摘要	借方										贷方										余额										
月	日	字	号		数量	单价	金额								数量	单价	金额								数量	单价	金额								
							百	十	万	千	百	十	元	角	分			百	十	万	千	百	十	元	角	分			百	十	万	千	百	十	元	角	分	

月	日	进价	调拨价	批发价	零售价

明细分类账

最高存量	
最低存量	

总第……页

分第……页

编号……

产地…… 单位…… 规格…… 品名……

年		凭证		摘要	借方											贷方											余额											
月	日	字	号		数量	单价	金额									数量	单价	金额									数量	单价	金额									
							百	十	万	千	百	十	元	角	分			百	十	万	千	百	十	元	角	分			百	十	万	千	百	十	元	角	分	

月	日	余　额

明细分类账

第______页

品名______

行次	供应单位	增加													减少													转销号	
		年		凭证字号	摘要	金额									年		凭证字号	摘要	金额										
		月	日			百	十	万	千	百	十	元	角	分	月	日			百	十	万	千	百	十	元	角	分		
1																													
2																													
3																													
4																													

月	日	余额

明细分类账

第＿＿＿＿页

品名＿＿＿＿

行次	供应单位	增加													减少													转销号	
		年		凭证字号	摘要	金额									年		凭证字号	摘要	金额										
		月	日			百	十	万	千	百	十	元	角	分	月	日			百	十	万	千	百	十	元	角	分		
1																													
2																													
3																													
4																													

明细分类账

月	日	余额

第______页

品名______

行次	供应单位	增加													减少													转销号	
		年		凭证字号	摘要	金额									年		凭证字号	摘要	金额										
		月	日			百	十	万	千	百	十	元	角	分	月	日			百	十	万	千	百	十	元	角	分		
1																													
2																													
3																													
4																													

明细分类账

月	日	余额

第____页

品名____

行次	供应单位	增加													减少														转销号	
		年		凭证字号	摘要	金额									年		凭证字号	摘要	金额										
		月	日			百	十	万	千	百	十	元	角	分	月	日			百	十	万	千	百	十	元	角	分		
1																													
2																													
3																													
4																													

固定资产明细账

估 计 残 值..................　　　　　　　　　　　　　　　　　　　　　　　总页..................

预计拆除费..................　　　　　　　　　　　　　　　　　　　　　　　分页..................

耐 用 年 限..................　折旧率..................　构造..................　规格..................　单位..................　编号..................　名称..................

年		凭证	摘要	实际	借方										贷方										余额									
月	日	字号		价格	数量	金额									数量	金额									数量	金额								
						百	十	万	千	百	十	元	角	分		百	十	万	千	百	十	元	角	分		百	十	万	千	百	十	元	角	分

固定资产明细账

估计残值……………… 总页……………

预计拆除费……………… 分页……………

耐用年限……………… 折旧率……………… 构造……………… 规格……………… 单位……………… 编号……………… 名称……………

年		凭证字号	摘要	实际价格	借方										贷方										余额									
月	日				数量	金额									数量	金额									数量	金额								
						百	十	万	千	百	十	元	角	分		百	十	万	千	百	十	元	角	分		百	十	万	千	百	十	元	角	分

固定资产明细账

估计残值…………　　总页…………

预计拆除费…………　　分页…………

耐用年限…………　折旧率…………　构造…………　规格…………　单位…………　编号…………　名称…………

年		凭证	摘要	实际	借方										贷方										余额									
月	日	字号		价格	数量	金额									数量	金额									数量	金额								
						百	十	万	千	百	十	元	角	分		百	十	万	千	百	十	元	角	分		百	十	万	千	百	十	元	角	分

固定资产明细账

估计残值…………　　　　　　　　　　　　　　　　　　　　　　　　　　总页…………

预计拆除费…………　　　　　　　　　　　　　　　　　　　　　　　　　分页…………

耐用年限…………　折旧率…………　构造…………　规格…………　单位…………　编号…………　名称…………

年		凭证	摘要	实际	借方										贷方										余额									
月	日	字号		价格	数量	金额									数量	金额									数量	金额								
						百	十	万	千	百	十	元	角	分		百	十	万	千	百	十	元	角	分		百	十	万	千	百	十	元	角	分

固定资产明细账

估计残值…………　　　　　　　　　　　　　　　　　　　　　　　　总页…………

预计拆除费…………　　　　　　　　　　　　　　　　　　　　　　　分页…………

耐用年限………… 折旧率………… 构造………… 规格………… 单位………… 编号………… 名称…………

年		凭证字号	摘要	实际价格	借方										贷方										余额									
月	日				数量	金额									数量	金额									数量	金额								
						百	十	万	千	百	十	元	角	分		百	十	万	千	百	十	元	角	分		百	十	万	千	百	十	元	角	分

固定资产明细账

估 计 残 值…………　　　　总页…………

预计拆除费…………　　　　分页…………

耐 用 年 限…………　折旧率…………　构造…………　规格…………　单位…………　编号…………　名称…………

年		凭证	摘要	实际	借方										贷方										余额									
月	日	字号		价格	数量	金额									数量	金额									数量	金额								
						百	十	万	千	百	十	元	角	分		百	十	万	千	百	十	元	角	分		百	十	万	千	百	十	元	角	分

固定资产明细账

估 计 残 值…………　　　　总页…………

预计拆除费…………　　　　分页…………

耐 用 年 限…………　折旧率…………　构造…………　规格…………　单位…………　编号…………　名称…………

年		凭证	摘要	实际	借方										贷方										余额									
月	日	字号		价格	数量	金额									数量	金额									数量	金额								
						百	十	万	千	百	十	元	角	分		百	十	万	千	百	十	元	角	分		百	十	万	千	百	十	元	角	分

固定资产明细账

估计残值…………　　　　　　　　　　　　　　　　　　总页…………

预计拆除费…………　　　　　　　　　　　　　　　　　分页…………

耐用年限…………　折旧率…………　构造…………　规格…………　单位…………　编号…………　名称…………

年		凭证	摘要	实际	借方										贷方										余额									
月	日	字号		价格	数量	金额									数量	金额									数量	金额								
						百	十	万	千	百	十	元	角	分		百	十	万	千	百	十	元	角	分		百	十	万	千	百	十	元	角	分

固定资产明细账

估计残值............ 总页............

预计拆除费............ 分页............

耐用年限............ 折旧率............ 构造............ 规格............ 单位............ 编号............ 名称............

年		凭证	摘要	实际	借方										贷方										余额									
					数量	金额									数量	金额									数量	金额								
月	日	字号		价格		百	十	万	千	百	十	元	角	分		百	十	万	千	百	十	元	角	分		百	十	万	千	百	十	元	角	分

固定资产明细账

估 计 残 值……………… 总页………………

预计拆除费……………… 分页………………

耐 用 年 限……………… 折旧率……………… 构造……………… 规格……………… 单位……………… 编号……………… 名称………………

年		凭证	摘要	实际	借方										贷方										余额									
月	日	字号		价格	数量	金额									数量	金额									数量	金额								
						百	十	万	千	百	十	元	角	分		百	十	万	千	百	十	元	角	分		百	十	万	千	百	十	元	角	分

周转材料——低值易耗品明细账

总页______
分页______
子目______

使用年限______摊销办法______单位______类别______名称______

年		凭单	摘要	数量			单价	购置或拨入								摊销	摊销或拨出								余额							
月	日	号数		购置或拨入	损耗或拨出	结存		十	万	千	百	十	元	角	分	标准	十	万	千	百	十	元	角	分	十	万	千	百	十	元	角	分

周转材料——低值易耗品明细账

总页______ 分页______ 子目______

使用年限______摊销办法______单位______类别______名称______

年		凭单号数	摘要	数量			单价	购置或拨入								摊销标准	摊销或拨出								余额							
月	日			购置或拨入	损耗或拨出	结存		十	万	千	百	十	元	角	分		十	万	千	百	十	元	角	分	十	万	千	百	十	元	角	分

周转材料——低值易耗品明细账

总页________
分页________
子目________

使用年限________摊销办法________单位________类别________名称________

年		凭单号数	摘要	数量			单价	购置或拨入								摊销标准	摊销或拨出								余额							
月	日			购置或拨入	损耗或拨出	结存		十	万	千	百	十	元	角	分		十	万	千	百	十	元	角	分	十	万	千	百	十	元	角	分

周转材料——低值易耗品明细账

总页________

分页________

子目________

使用年限________摊销办法________单位________类别________名称________

年		凭单号数	摘要	数量			单价	购置或拨入								摊销标准	摊销或拨出								余额							
月	日			购置或拨入	损耗或拨出	结存		十	万	千	百	十	元	角	分		十	万	千	百	十	元	角	分	十	万	千	百	十	元	角	分

周转材料——低值易耗品明细账

总页______________
分页______________
子目______________

使用年限______________摊销办法______________单位______________类别______________名称______________

年		凭单号数	摘要	数量			单价	购置或拨入								摊销标准	摊销或拨出								余额							
月	日			购置或拨入	损耗或拨出	结存		十	万	千	百	十	元	角	分		十	万	千	百	十	元	角	分	十	万	千	百	十	元	角	分

周转材料——低值易耗品明细账

总页______
分页______
子目______

使用年限______摊销办法______单位______类别______名称______

年		凭单号数	摘要	数量			单价	购置或拨入								摊销标准	摊销或拨出								余额							
月	日			购置或拨入	损耗或拨出	结存		十	万	千	百	十	元	角	分		十	万	千	百	十	元	角	分	十	万	千	百	十	元	角	分

周转材料——低值易耗品明细账

总页______
分页______
子目______

使用年限______摊销办法______单位______类别______名称______

年		凭单	摘要	数量			单价	购置或拨入								摊销	摊销或拨出								余额							
月	日	号数		购置或拨入	损耗或拨出	结存		十	万	千	百	十	元	角	分	标准	十	万	千	百	十	元	角	分	十	万	千	百	十	元	角	分

周转材料——低值易耗品明细账

总页______

分页______

子目______

使用年限______摊销办法______单位______类别______名称______

年		凭单号数	摘要	数量			单价	购置或拨入								摊销标准	摊销或拨出								余额							
月	日			购置或拨入	损耗或拨出	结存		十	万	千	百	十	元	角	分		十	万	千	百	十	元	角	分	十	万	千	百	十	元	角	分

周转材料——低值易耗品明细账

总页______________

分页______________

使用年限______________摊销办法______________单位______________类别______________名称______________　　子目______________

年		凭单号数	摘要	数量			单价	购置或拨入								摊销标准	摊销或拨出								余额							
月	日			购置或拨入	损耗或拨出	结存		十	万	千	百	十	元	角	分		十	万	千	百	十	元	角	分	十	万	千	百	十	元	角	分

周转材料——低值易耗品明细账

总页______________

分页______________

子目______________

使用年限______________ 摊销办法______________ 单位______________ 类别______________ 名称______________

年		凭单号数	摘要	数量			单价	购置或拨入								摊销标准	摊销或拨出								余额							
月	日			购置或拨入	损耗或拨出	结存		十	万	千	百	十	元	角	分		十	万	千	百	十	元	角	分	十	万	千	百	十	元	角	分

第九部分　资产负债表编制

资 产 负 债 表

会企 01 表

编制单位：　　　　　　　　　　　　　　______年____月____日　　　　　　　　　　　　单位：元

资　　　产	期末余额	年初余额	负债和所有者权益(或股东权益)	期末余额	年初余额
流动资产：			流动负债：		
货币资金			短期借款		
以公允价值计量且其变动计入当期损益的金融资产			以公允价值计量且其变动计入当期损益的金融负债		
应收票据			应付票据		
应收账款			应付账款		
预付款项			预收款项		
应收利息			应付职工薪酬		
应收股利			应交税费		
其他应收款			应付利息		
存货			应付股利		
一年内到期的非流动资产			其他应付款		
其他流动资产			一年内到期的非流动负债		
流动资产合计			其他流动负债		
非流动资产：			流动负债合计		
可供出售金融资产			非流动负债：		
持有至到期投资			长期借款		
长期应收款			应付债券		
长期股权投资			长期应付款		
投资性房地产			专项应付款		
固定资产			预计负债		
在建工程			递延所得税负债		
工程物资			其他非流动负债		
固定资产清理			非流动负债合计		
生产性生物资产			负债合计		
油气资产			所有者权益(或股东权益)：		
无形资产			实收资本(或股本)		
开发支出			资本公积		
商誉			减：库存股		
长期待摊费用			其他综合收益		
递延所得税资产			盈余公积		
其他非流动资产			未分配利润		
非流动资产合计			所有者权益(或股东权益)合计		
资产总计			负债和所有者权益(或股东权益)总计		

资产负债表

会企 01 表

编制单位：　　　　　　　　　　　　　＿＿年＿＿月＿＿日　　　　　　　　　　　　　单位：元

资　　产	期末余额	年初余额	负债和所有者权益(或股东权益)	期末余额	年初余额
流动资产：			流动负债：		
货币资金			短期借款		
以公允价值计量且其变动计入当期损益的金融资产			以公允价值计量且其变动计入当期损益的金融负债		
应收票据			应付票据		
应收账款			应付账款		
预付款项			预收款项		
应收利息			应付职工薪酬		
应收股利			应交税费		
其他应收款			应付利息		
存货			应付股利		
一年内到期的非流动资产			其他应付款		
其他流动资产			一年内到期的非流动负债		
流动资产合计			其他流动负债		
非流动资产：			流动负债合计		
可供出售金融资产			非流动负债：		
持有至到期投资			长期借款		
长期应收款			应付债券		
长期股权投资			长期应付款		
投资性房地产			专项应付款		
固定资产			预计负债		
在建工程			递延所得税负债		
工程物资			其他非流动负债		
固定资产清理			非流动负债合计		
生产性生物资产			负债合计		
油气资产			所有者权益(或股东权益)：		
无形资产			实收资本(或股本)		
开发支出			资本公积		
商誉			减：库存股		
长期待摊费用			其他综合收益		
递延所得税资产			盈余公积		
其他非流动资产			未分配利润		
非流动资产合计			所有者权益(或股东权益)合计		
资产总计			负债和所有者权益(或股东权益)总计		

第十部分　利润表编制

利　润　表

会企02表

编制单位：　　　　　　　　　　　____年____月　　　　　　　　　　　单位：元

项　　　　　目	本期金额	上期金额
一、营业收入		
减：营业成本		
税金及附加		
销售费用		
管理费用		
财务费用		
资产减值损失		
加：公允价值变动收益(损失以"－"号填列)		
投资收益(损失以"－"号填列)		
其中：对联营企业和合营企业的投资收益		
二、营业利润(亏损以"－"号填列)		
加：营业外收入		
减：营业外支出		
其中：非流动资产处置损失		
三、利润总额(亏损总额以"－"号填列)		
减：所得税费用		
四、净利润(净亏损以"－"号填列)		
五、其他综合收益的税后净额		
(一) 以后不能重分类进损益的其他综合收益		
1. 重新计量设定受益计划净负债或净资产的变动		
2. 权益法下在被投资单位不能重分类进损益的其他综合收益中享有的份额		
(二)以后将重分类进损益的其他综合收益		
1. 权益法下在被投资单位以后将重分类进损益的其他综合收益中享有的份额		
2. 可供出售金融资产公允价值变动损益		
3. 持有至到期投资重分类为可供出售金融资产损益		
4. 现金流经套期损益的有效部分		
5. 外币财务报表折算差额		
……		
六、综合收益总额		
七、每股收益：		
(一) 基本每股收益		
(二) 稀释每股收益		

利　润　表

会企 02 表

编制单位：　　　　　　　　　　　　　　____年____月　　　　　　　　　　　　单位：元

项　　　　目	本期金额	上期金额
一、营业收入		
减：营业成本		
税金及附加		
销售费用		
管理费用		
财务费用		
资产减值损失		
加：公允价值变动收益(损失以"－"号填列)		
投资收益(损失以"－"号填列)		
其中：对联营企业和合营企业的投资收益		
二、营业利润(亏损以"－"号填列)		
加：营业外收入		
减：营业外支出		
其中：非流动资产处置损失		
三、利润总额(亏损总额以"－"号填列)		
减：所得税费用		
四、净利润(净亏损以"－"号填列)		
五、其他综合收益的税后净额		
(一) 以后不能重分类进损益的其他综合收益		
1. 重新计量设定受益计划净负债或净资产的变动		
2. 权益法下在被投资单位不能重分类进损益的其他综合收益中享有的份额		
(二)以后将重分类进损益的其他综合收益		
1. 权益法下在被投资单位以后将重分类进损益的其他综合收益中享有的份额		
2. 可供出售金融资产公允价值变动损益		
3. 持有至到期投资重分类为可供出售金融资产损益		
4. 现金流经套期损益的有效部分		
5. 外币财务报表折算差额		
……		
六、综合收益总额		
七、每股收益：		
(一) 基本每股收益		
(二) 稀释每股收益		